父母不方便
说的话

吴银平
/著

SH 中国言实出版社

图书在版编目（CIP）数据

父母不方便说的话 / 吴银平著 . —北京：中国言实出版社，2014.12
ISBN 978-7-5171-0959-4

Ⅰ．①父… Ⅱ．①吴… Ⅲ．①家庭教育－通俗读物 Ⅳ．① G78-49

中国版本图书馆 CIP 数据核字 (2014) 第 257050 号

责任编辑：陈昌财

出版发行 中国言实出版社
地　　址：北京市朝阳区北苑路 180 号加利大厦 5 号楼 105 室
邮　　编：100101
编辑部：北京市西城区百万庄路甲 16 号五层
邮　　编：100037
电　　话：64924853（总编室）　　64924716（发行部）
网　　址：www.zgyscbs.cn
E-mail：zgyscbs@263.com
经　　销 新华书店
印　　刷 北京市玖仁伟业印刷有限公司
版　　次 2015 年 5 月第 1 版　　2015 年 5 月第 1 次印刷
规　　格 787 毫米 ×1092 毫米　　1/16　　14.5 印张
字　　数 167 千字
定　　价 28.00 元　　　　ISBN 978-7-5171-0959-4

前言

　　亲子之间的关系就像是鱼与水，冷暖自知。与西方开放民主的家庭教育相比，我们国家的家庭教育模式相对来说要更加含蓄内敛。身为父母的我们思想总是过于保守，在孩子的教育问题上显得小心翼翼，不是所有的话题在亲子之间的沟通中都能被轻松说出口。不管身为父母的怎样努力，亲子之间总是存在着这样或者那样难为情的尴尬话题，这些话题都是不好说破的。有些话并不能跟孩子直接讲。彼此交流存在障碍，难免就会引发各种各样难以预料的问题，误会的出现也就在所难免。

　　作为孩子，你愿意听爸妈的话吗？你认同现代的家庭教育模式吗？亲子之间的关系是如此的微妙却又不好驾驭。每个孩子都不是十全十美的，你们也会犯错；每位父母也不是完美无缺的，也会犯糊涂。当殷切的"望子成龙"遇上"誓死抵触"，当更年期遭遇了青春叛逆期，彼此之间又会摩擦出什么样的火花？口中所谓的"教子有方"是不是真的被孩子们倾心接受？亲子间出现的各种问题又究竟孰是孰非？

　　语言是一把利刃，总是能够在无形之中伤人，这种隐性的伤害比

身体上的疼痛要更加让人不易察觉。家庭教育中，我们难免会在情急之下口不择言，良苦用心也很难被体谅，行动上的反抗开始成为孩子们无声的诉说。然而如暴风雨过后的海面，平静只是表面的，伤疤却会不露痕迹地埋藏在彼此的心中。如果不能很好地处理好这些隔阂，它们依然会隐隐作痛。既然有些话父母说不出口，就用文字的方式写出来吧。

双方之间有着太多不方便说出的话，这些话一不小心很有可能会变成利刃。父母只想更好地履行教育的职责，让孩子顺利成长；同时，父母也渴望能够与孩子真正做到彼此交心，相互多一份了解。沟通理解多了，摩擦和误解也就少了。

在教育方式上彼此或许会有对抗，在处理生活问题上同样会存在着相互的不理解：孩子们不愿意父母侵占属于自己的私人空间，孩子们不愿意父母过多干涉自己的感情生活，子女们不愿意回家面对父母的"逼婚"；孩子对父母有着太多的不情愿，太多的不愿意。父母或许会对孩子们有所不满，但是父母却不会真正有埋怨。

身为父母最大的心愿就是希望孩子们能够学习、工作、成家样样顺利。孩子们是草原上的雄鹰，总有一天会离开父母独自在广阔的天空中展翅翱翔。当他们背起行囊，只身外出打拼、独自拼搏，父母只能在背后默默关注。不要总是那么忙碌，再忙也要注意自己的身体，如果你愿意，就时不时地给父母打个电话吧，说什么不重要，只要让父母听到你的声音就好。

作为孩子，你有没有想过，终有一天父母会老去，终有一天你们会长大。当父母老了，你又会以怎样的态度来对待父母？当父母老了，你是否愿意在面对父母的时候多一份耐心？那个时候，父母最大的希望就是孩子能够常回家看看，跟他们聊聊天。

　　我们相信言语上的沟通等同于彼此之间心灵的交流。如果有可能，孩子，敞开你的心扉，静下心来听父母娓娓道来。

目录

I

第一章　学会认识自己的身体

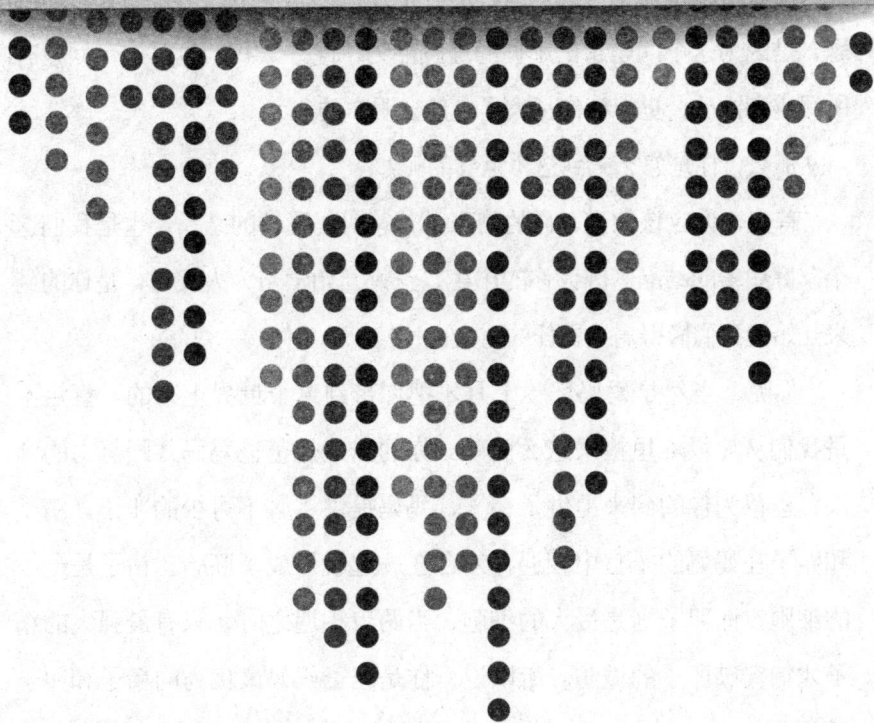

你是怎么来到这个世界的

小时候的你总是问我们："爸爸妈妈，我是怎么来到这个世界的呢？"那个时候的我们总是不知道如何回答才能满足你的好奇心，于是你可能会听到这样的回答："你呀，当然是爸爸妈妈从垃圾桶里捡来的。"

现在回想起来觉得很抱歉，那时不知道该怎样组织语言回答你的问题，是因为这个问题超出了你的理解能力，此外，我们也对这个问题有所回避和排斥，觉得等你长大了自然会明白的。

那么，你是怎么来到这个世界的呢？

首先，你应该知道，你的到来是爸爸妈妈爱情的结晶，也是我们这个家庭甜蜜的结晶。因为你的出生，爸妈开始学习为人父母，是你的到来开始让我们懂得肩上责任的重大。

你呢，当然是妈妈怀胎十月才把你带到这个世界上来的，肯定不是我们从垃圾堆里捡来这么简单。你的出生是爸爸妈妈共同努力的结果，爸爸为你的到来提供了精子，妈妈提供了必不可少的卵子，精子和卵子在妈妈的子宫中相遇，结合在一起就形成了胚胎。精子是最小的细胞，而卵子则是最大的细胞，当两者相遇之时，只有最强大的精子才能突破卵子的城防。所以说，你是爸爸妈妈最优秀的精子和卵子的结合。

前两三个月的你又乖巧又听话，在妈妈的子宫中努力吸收营养，从胚胎慢慢地长大成为胎儿。当你在妈妈肚子里的时间超过三个月时，这个时候的你已经不再是小小的胚胎而是一个所有器官近乎完整的胎儿。你虽然还很小，但是手指和脚趾等都开始明显分化，眼睛也是清晰可见。这期间，你常常折磨得妈妈吃不下饭，恶心、呕吐。

终于等到你五个月大，这个时候你已经学会了怎样在妈妈肚子里活动，你也已经对自己生活的子宫异常熟悉，虽然空间有些窄小却依然阻挡不了这个时候的你"动手动脚"，你总是通过踢腿等动作来提醒妈妈你的存在，医学上把这称为胎动。这个时候的你，基本上可以听到外界的声音，所以爸爸妈妈经常会跟你讲话，只不过现在的你已经记不起来了。

等你八九个月大的时候，已经可以在妈妈的子宫内活动自如，身体内部器官和神经系统等也进一步发育。但是，这个时候还不是你来到这个世界的最佳时机，你还需要再静静地等上一个月左右的时间。一个月之后，也就是第十个月，这个时候的你已经发育成熟，具备离开妈妈子宫的条件。当你自己在妈妈肚子里呆够了，迫不及待地想要看看外边的世界时，你就要出来了。这个时候，妈妈每天都小心谨慎，你稍有动静就要紧张好久。当你给妈妈发出你想要出生的信号时，我们也会做好充分的准备来迎接你的到来。当然，这个时候只有妈妈的努力还是远远不够的，我们还需要医生的帮助。于是在妈妈、医生，还有你自己的努力下，你顺利降生在这个陌生的世界上。

出生后的你是很脆弱的婴儿，需要我们全家人的精心呵护。当然，也不要期望自己刚出生时的样子有多漂亮，通常刚出生的婴儿比较丑。随着你一天天的长大，你的模样也开始慢慢有所变化，这个时候的你更加显现出与爸爸和妈妈相似的地方。这就是遗传基因的力量，在你孕育中发挥着重要作用的精子和卵子都为你的成长贡献相应的 DNA 特

征。你可能会好奇什么是 DNA，其实它的存在是非常重要的，正是因为 DNA 的关系，你的出生才会跟父母联系在一起。基因和血缘关系一样的神奇，是很难用语言解释清楚的。

出生后不足一个月的你，每天基本上都是在吃奶和睡觉中度过，很少会与外界有所交流。满月之后的你，精神明显会改善，每天都会抽出一定的时间用来玩耍，更重要的是这个时候的你嘴中开始发出各种声音，不过我们都听不懂，但是爸爸妈妈还是会拿出充分的耐心来与你交流。

三四个月大的时候，你已经开始学会翻身，双手和双脚变得比较有力量，伸展和蹬踢也比较协调。你也逐渐开始不再满足于别人的喂食，尝试自己用嘴吃东西。这个时候你的模仿能力很强，开始牙牙学语。一周岁左右时，你已经开始学着走路，虽然这个时候的你总是跌倒，但是你的勇气是可嘉的。爸爸妈妈陪你一起长大，走过美好的童年，你也带给我们无限的欢乐时光，就这样我们一家人慢慢一起成长。

孩子，这就是你怎样来到这个世界的，如果现在的你还无法完全理解我讲的这些，没有关系，相信以后随着知识的积累你就会慢慢懂得的。

总之，孩子，我们都张开双臂欢迎你来到这个世界，相信你也会逐渐喜欢上这个神奇的世界，更能用自己善于发现的眼睛发现这个世界的美好。身为父母的我们更希望你能够懂得每一个生命的存在都是一个奇迹。珍惜生命！活着，本身其实就是最大的幸福。

我们的身体，男女有别

亲爱的孩子，从你上幼儿园开始，想必你就已经逐渐懂得了并不是班级里所有的小朋友都是一样的，你会发现班级中的小朋友们存在着男生和女生的性别差异。这也就是我们非常熟悉的男女有别，当然，男女有别的意识之所以这么早就会被你们认识，除了从小到大老师和父母模糊的教育之外，还应该会掺杂着许多你们自己的理解。由于你们还未成年，再加上外部获取知识途径不健全，你们的理解其实并不一定都是完全正确的，可能会有着或大或小的错误认识。所以，科学认识一下自己的身体是很有必要的。

谈到男女有别，你的最直观认识是什么？恐怕是男女之间上洗手间的差别。如果你是一个男孩子，正常情况下你肯定不会去女洗手间。同样，女孩子也绝对不会无缘无故踏足一墙之隔的男洗手间。似乎从来不会有哪个人会去怀疑自己的性别，因为我们的身体，真的是男女有别。

我们的身体会有什么样的不同呢？让我们重新仔细审视一下自己的身体。要知道，与周围异性存在的差别在你还在妈妈肚子里的时候就已经存在了。刚出生的婴儿除了生殖器的不同之外，不会再有其他明显的身体构造差别。这个时候，无论是男宝宝还是女宝宝，对性别绝大多数事情都是一无所知。

等到了三四岁的时候，这个年龄段的孩子已经开始模糊懂得自己是

男生还是女生，有一部分小朋友在进入幼儿园之后也会接受一定的异性教育。但总体来讲，男女有别的概念在这个时候你们是有的，但具体男女差别在哪里却是无从得知。

对于三岁之后的男孩来说，你们的体内开始大量地分泌特有的睾丸素，相比较于同年龄段的女孩子来说，你们开始显得更加精力旺盛，喜欢调皮和动手，更喜欢用实际行动来解决问题。而这个时候的女孩子，则更喜欢安安静静地观察。由于受性别激素的影响，男女之间的大脑发育也存在着不同。男女有别的另一个身体不同就在于我们的大脑：左脑掌控文字语言能力，注重逻辑推理，右脑偏重于发挥情感、欣赏艺术。大脑各区域存在着的不同，也就影响到了不同性别在处理问题时的不同表现。

这也就很好地解释了女生感性，男生理性的论断。当你们进入青少年时期以后，青春期的第二性征也会相应出现，这也就使得你们除了在日常行为方式上存在着明显性别差异外，男女性别在外观上的差异更加明显。这个时候的睾丸酮是男生产生显著变化的主要神奇激素，它的存在使得男生的骨骼肌肉开始强壮，由于体内血液中的红血球也比女孩子多，所以男生就占据着体内携氧量更多的优势，于是旺盛的精力和热衷于运动成为大多数男孩子的显著特征。同处于青春期的女生，在体内雌激素和黄体素等荷尔蒙的刺激下，这个时候女性体内的蛋白质更多地会被转换为我们常见的脂肪储存在体内，于是女生的身体开始变得圆润，乳房也开始发育，男女有别的身体基本形成。

提到男女有别，留给我们最直观的印象应该是描述男女形容词运用上的巨大差距。不论是古人还是现代汉语中我们总喜欢用阳刚等包含力量的词语与男性联系在一起，却又喜欢把温柔、乖巧、贤淑等词语运用到女性身上。这些都不仅仅体现了汉语言的博大精深，更是同男女特征紧密联系在一起。

同时，存在的一个社会现象就是，人们更愿意用美丽、漂亮等这些词语用于形容女性而非男性，不得不说很多的词语在运用上都存在着明显的倾向性。正是由于男女两性在生物学上存在着巨大的差异，也就使得在社会学中他们有着明显的差别。例如，性格、情绪、举止、习惯、言行、服饰，甚至于饮食和寿命等都会存在着男女差别，这个时候就需要我们更加的了解自己的身体语言。

当你在童年时期，即使是身边没有人告诉你们，你们也会逐渐发现周围男孩子与女孩子的区别。其实最明显的差距除了男生与女生在身体构造上的不同之外，还有着很多明显的习惯上的不同。比如说，在我们的生活中，大部分的男孩子在穿衣打扮上更喜欢搭配深色系的裤子，而女孩子则更热衷于那些粉色的裙子。

很多人常用"男人来自火星，女人来自金星"来表达男女之间的大不同。正如对家庭教育方式上也存在着"男孩穷养，女孩富养"说法。之所有会出现这样的情况是因为男女两性之间不仅是身体方面，甚至于思想层面都存在着许多科学都无法解释的神秘性。

现在的你们，青春期的到来与过去相比已经有了很大的提前。随着你们年龄的增长，你们也会越来越关注社会生活中存在着"男女有别"的社会现状。同时你们也会发现，身边都在时时刻刻营造着"男女有别"的公共氛围。在日常的人际交流沟通中，你们更应该逐渐学会理解身为男生或者身为女生自己应该注意的相关事项，学会与异性正常地接触。当然这些话题不仅需要社会各界广泛关注，也需要你们自己去认识：我们的身体，真的是男女有别。

悄悄变化的身体

　　随着年龄的增长，你们会发现自己的身体也在悄悄地发生着变化，尤其是青春期时候的你们。青春期是个特殊的人生时期，也是每个人成长的必经阶段，同时也是每个人人生中重要的阶段。从心理上来讲，青春期是从童年时期的幼稚心理逐渐走向成年后成熟心理的必经阶段；从生理上来看，更是每个人身体发育的黄金时期。那么，在这一期间，你们的身体到底会经历哪些变化呢？

　　首先，最直观的一点就是你们的身高开始有了明显的增长，这个时候的你们以柳树抽芽般的迅速长高。一般来说，人的身高都会经历两个不同的发展黄金时期。第一个时期就是在刚出生的几年之内，这个时候你的身高增长是快速的，一般都会维持每年净增二十厘米左右，然后速度放缓每年大约增长五厘米左右，这种缓慢增长状态会一直持续到青春期到来之前。

　　青春期开始之后，无论是男生还是女生，都会经历身高的急剧增长，然而，男孩子身高增长的巅峰一般会在女孩子之后，所以，对于十岁到十二岁的女孩子来说，身高一般不会低于同年龄段的男孩子，甚至很多女生身高会高于男生。不过这种情况只是暂时的，男生比女生发育略微晚。青春期结束之后，我们的身高一般不会再有较大的变化。而在整个青春期时候，你们的身高一般是会增加二十五厘米左右。

　　除了身高的变化之外，我们的身体还有一个特点，那就是性发育逐渐开始。你们在儿童时期，性器官的发育是非常缓慢的，性心理和性意识都处于幼稚状态。但是随着青春期的到来，尤其是受体内荷尔蒙等激素的影响。青春期男女的内外生殖器开始迅速发育，并且生殖系统在青春期结束之后基本能够发育成熟。这个时候也会出现显著的性别特征，男女生理的差别开始日益凸显。

　　女孩子会发现自己的乳房在不知不觉中逐渐隆起，体重也开始迅速增加，臀部也开始变宽。身体内部的卵巢等生殖器官也在逐步发育，并且开始排卵，这也就直接导致女生月经初潮的到来。子宫的体积也逐渐增加，同时由于受到体内雌性激素的影响，子宫内膜呈周期性变化，月经开始成为每月的必修课。这个时候细心的女同学可能会发现自己身体在悄悄变化，因为青春期的女孩第二性征逐步发育。这个时候的外生殖器开始向成人那样完善，阴毛、腋毛等也悄悄出现。

　　男孩子的身体也是悄悄地发生变化。男性生殖器官开始逐渐成熟，尤其是在十五岁左右，睾丸的体积和功能都是趋于成熟和完善，并且能够产生精子。与女生发育不同，男生身体的发育主要是受体内雄性激素的影响，阴茎也是会迅速发育，逐步增长到成人大小。生殖器官发育的同时，第二性征也是越来越明显。阴毛、腋毛与女生相比要更加浓密，刮胡须也开始成为男孩子迈向成熟的第一步。与童年时期的音色不同，处于变声期的男孩子声音开始明显变粗，并且出现了男性的最明显标志——喉结。

　　当然，相比于性器官的内在发育来说，大多数人对于青春期身体变化的最直观感受还是来源于第二性征特点的出现，除此之外还有女性的月经初潮和男性的首次遗精。这些不仅仅是青春期来临的重要外在标志，它们的出现说明人体的生殖系统已经发育成熟，提醒你们要开始注意自

己身体的神秘变化。

最后，我们的身体在功能方面也会出现不为人知的变化。对于青春期来说，无论是男生还是女生，身体各器官的机能会进一步的完善。这个时期的肌力、握力等都会有一定的突破，肺活量、血压等也会出现波动，尤其是肺活量，青春期的肺活量要比之前增加至少一倍。作为人体最重要的中枢——脑和神经也开始迅速发育。我们在刚出生的时候，脑的重量只有三百五十克左右，但是经过青春期的发育之后，此时的脑重量已经基本接近成人状态。并且脑的重量和容量都会基本定型，以后不会再有大的变化。

当然，青春期身体的发育也会带来或多或少的烦恼，比如说大多数生理期中的女生会出现身体上的不适，像小腹发胀、腰酸背痛、腹泻等，虽然这些都是很正常的生理现象，但是情况严重时也会影响学习和生活。这个时候的女孩子就要格外地注意保暖，尽量避免生冷和刺激性的食物，保持心情愉快。

同时，由于青春期的身体迅速发育，就要对青春期男女的生理卫生严格要求。在日常的穿衣方面，也要养成良好的习惯。比如女生不要束胸，这会影响胸部的发育，尽量避免穿过于紧身的衣服。学会科学用脑，坚持锻炼身体，千万不能养成吸烟和酗酒的坏习惯。

青春期是你们生长发育的关键时期，这个时候身体对营养的需求量是很大的，尤其是对蛋白质等物质的摄入。蛋白质是我们人体组织器官形成的重要物质，骨骼的发育更是离不开蛋白质。如果此时蛋白质供应不足，就会影响身体各器官的发育，甚至会造成身材矮小，免疫力差容易生病。所以，青少年应该注意饮食，多摄取蛋白质等营养物质，不要偏食和挑食，注意营养的均衡。

当然，青春期的到来有早晚之分，你们身体的发育自然也会有先后之分。由于每个人所处的环境不同，再加上个体差异的存在，发育时间是不完全一样的。但是，无论早晚，青春期保持与父母的良好沟通，认真学习相关的生理知识是非常有必要的，你们每个人都应该关注一下自己不断悄悄变化的身体。

何谓"性"，何谓"性器官"

由于传统教育观念，对于我们大多数人来说，"性"都是一个会刻意去回避的话题。在学校里，老师不太想去触碰的话题。同样对于我们父母来说，谁也不能保证自己就可以轻松驾驭这个话题。所以，"性"这个话题就会被我们大家刻意去回避。但是我们也知道，"性教育"是很有必要的，"谈性色变"的教育已经不符合时代的要求。

在以前，"性"这个话题大家都不好意思讲，时代总是在进步，如今"性行为"已不再是遮遮掩掩的事情，尤其是这些年来互联网开始普及，这使得你们只要想要知道，就能够通过五花八门的渠道获得各种各样的性知识。

但是，所有事情都具有两面性，性教育和性观点虽然开放了，却也同样给我们带来烦恼。因为你们从各种渠道获得的性知识太多，而又缺少必要的分辨能力，所以你们还是无法真正地了解"性"，这也就直接导致你们在对"性"的理解上存在着很大的误区。那么今天就让我们一起来学习一下，什么是"性"，什么又是性器官。

说到"性"，我国早就有"食色，性也"的说法，这也从侧面反映出"性"在很大程度上是与"色"联系在一起的。如果你去查阅一下词典的话，你就能够发现，这里我们所谈到的"性"，词典上的解释其实也是表明性与生殖、性欲有关。你可以再搜索一下性器官的释义，你就会知道，性器官其实有广义和狭义之分，我们一般最常见的其实只是它的狭义内容。狭义上来讲，性器官也可以被概括为我们人类的生殖器官，如果再具体来讲就是特指睾丸和卵巢了。

性器官有什么作用呢？性器官为我们人类生儿育女、繁衍后代做出重要的贡献，同时，生殖器官也是我们在性生活中获得生理愉悦的重要工具。然而，由于受到传统思想的影响，我们大部分人对这个作用羞于启齿。其实，我们的生殖器官也只是人体的一个普通器官而已。

那么人体都有哪些常见的性器官呢？按我们性别不同可以分为男性生殖器和女性生殖器。可不要小看了这些生殖器，它们在性生活中发挥着重要的作用。简单来讲，男性生殖器是性行为的施体，女性生殖器为受体。同时，男性的生殖系统还主要包括内、外生殖器两个部分。生殖器官更是包括了阴囊、输精管、睾丸、阴茎等。女性生殖器主要是由卵巢、输卵管、子宫、阴道组成。除此之外，女性还有一个很重要的器官——乳房，乳房在人类的繁殖生育中起到了重要作用，也成为性器官的重要组成部分。

再来看性行为，我们常说的性交又被称为性爱，它是今天我们所谈的"性"的重要组成部分，什么是"性交"？男性的阴茎进入女性阴道之后，由于兴奋刺激产生射精行为，并成功实现向女性子宫输送精子，是性交的整个过程。在性交发生之时，男性的性器官阴茎也就会勃起，而女性的阴道会因为自身的兴奋而产生润滑，从而使得阴茎更容易进入阴道。

性交是男女两性相亲相爱的重要表现，自古以来人们都把它看得神秘、神圣。我国古代就有许多部落有着自己独特的"生殖器崇拜"文化。然而，你们对性知识认识不足和对性健康的忽视等问题，也在很大程度上导致各种性健康疾病的增加。

我们每个人都要正确地认识和对待"性问题"，尤其是青少年。你们应该知道，性是我们人类与生俱来的天性，也是一个人的生命能否健康自然存在的重要影响因素。但是，如果你们仅仅把"性"定位于肉体上的快感，这种观念无疑是错误的。"性"这个问题会涉及到社会的方方面面，尤其与我们社会的传统文化密切相关。所以，"性"要兼顾各个方面来看。

每个人都有自己的社会尊严和社会价值，所以，任何形式的"性歧视""性暴力"都是不允许的，因为这种行为本身已经构成了对人权的侵犯。对于青少年来说，目前还正处于生理和心理尚未成熟时期，这个时候的你们，很多时候的"性行为"欲望并不是出自内心的真实想法，可能仅仅是因为自己的生理冲动进而产生的性冲动，如果贸然与他人发生性关系无疑是一种很不理智的行为。所以，你们要时刻保持洁身自爱，这恰恰也是防止性病和艾滋病等传染疾病传播的最有效方式。

你们有权获得社会上各种性健康教育，但是更多的还是需要你们自己去辨别。在面临选择之时，你们更需要做到的是深思熟虑，多为自己的将来着想，在我们父母眼中各种不当的性行为都是不被提倡的。"性"并不可怕，可怕的是你们在面对"性"时缺乏必要的理性。

哪些人才是坏叔叔

社会上从来不缺乏好人，当然也不乏坏人。但是，并不是说每个人都把自己是好人还是坏人贴在自己的脑门上，对于成年人来说好人与坏人都是不容易区分辨别的，更别说你们这些涉世未深的孩子。坏人其实离我们并不远，有些坏人甚至很有可能就在我们的身边。

英国的福利团体曾经发起过一项名为"内衣"的运动，发起这项运动的初衷是想要鼓励父母们加强跟自己的孩子沟通程度，尤其是不要刻意避讳很多隐私私密问题。亲子间如果能够沟通无障碍，肯定能够提升孩子们保护自己的意识。同时，这项活动还能使孩子从小就认识到人与人交往的时候相互之间的界限，除此之外还有利于帮助孩子树立"性侵害"的意识，这样才能更好地辨认出哪些人是"坏叔叔"、"坏阿姨"。

从儿童时期开始，我们父母就开始不断告诫你们：不要跟陌生人讲话，不要随便接受陌生人的东西。但是，我们要知道并不是所有的坏人都是陌生人。曾经有一项调查研究表明很多深受孩子信任和尊重的人也有可能会扮演"坏叔叔"的角色，比如你们熟悉的老师、邻居、甚至是一部分的亲人等等。由于彼此之间不陌生，你们对这些人也不会有什么防范意识。很多"坏叔叔"恰恰利用了你们这种心态，才有机可乘。调查发现，超过四分之三的儿童性侵事件正是熟人所为，陌生人性侵害的

比例仅为四分之一。

但是，无论是陌生人还是自己认识的人，很多的施害者利用你们对性知识的懵懂无知，再加上你们在日常交往中不能正确地看清好人与坏人，他们才有机会得逞。那么，哪些人才是"坏叔叔""坏阿姨"呢？

我们先看看"坏叔叔"在诱骗你们时经常用到的手段。很多"坏叔叔"最常用的方式就是威逼利诱，抓住你们年幼无知的年龄特点去哄骗你们，再加上其中一部分人比较贪吃好玩、警惕性不足，于是当这些"坏叔叔"以出钱给买零食、买衣服、出去玩等来诱惑你们的时候，你们就会控制不住自己。还有一部分"坏叔叔""坏阿姨"，会利用青春期孩子虚荣心强、警惕性不高的特点，再加上你们对于安全防范性不强，这就很容易让坏人钻了空子。

我们的身体部位有很多，但是并不是每一个部位都能让他人随便触碰。对于我们的手、头、肩等部位，一般是可以让别人触碰的，因为我们知道很多人在表达好感时，通常会通过触碰这些部位来表示。但是，我们身体的敏感部位，连爸妈都不能随便触碰。具体有哪些部位呢？简单来说只要是你们穿背心和裤衩被遮住的部分别人都不能随便触碰，尤其是胸部和下体等部位，这些都是绝对隐私的部位。如果有些"坏叔叔"在与你们进行身体接触的时候，把自己身体的某个部位（比如说手或者生殖器）放在了自己身体的隐私部位进行反复的触摸或者摩擦时，这个时候就应该提高警惕了，这些人很有可能就是"坏叔叔"。

那么，到底你们应该怎样防范周围的"坏叔叔"呢？

第一，千万不要贪小便宜，你们要对金钱有个清醒正确的认识。很多被骗事例也表明，正是由于很多孩子容易被小恩小惠诱惑，才会被"坏叔叔"盯上。甚至有相当一部分孩子在结识了"坏叔叔"之后，仍然不能认识到问题的严重性，你们会觉得"免费吃、免费穿、免费用、自己还能用零花钱"这样的生活挺好的。但是，我们都知道天底下没有免费的馅饼，千万不能为了贪一时的小便宜而吃大亏。

第二，平时不要与那些奇怪的人来往，碰到奇怪的人，一定要离他们远点。如果被不认识或者不熟悉的陌生人所纠缠，正确的做法是尽量择机逃离或者向周围的人发出求救信号。当你们出现任何非正常情况时，一定要及时告诉自己的父母，千万不要因为害羞就遮遮掩掩。同时，不要随便跟着陌生人去偏僻的地方，即便是自己熟悉和认识的人也要有安全防范意识。上学或者放学的时候，如果家里没人接自己回家，一定要与同学一起结伴而行。

第三，你们要学会正确认识自己的身体，这能够帮助你们尽可能多地把握科学的生理知识。无论是男生还是女生，都要禁止别人随意触碰自己的身体，学会捍卫自己身体的自主权。你们更要记住很多"坏叔叔"并不只是陌生人，很多认识的人甚至是熟人都有可能会成为坏人，这些人同时也都可能成为性侵害的加害人。所以，一旦别人对自己进行不当的身体接触时，要勇敢地学会说不。

最后，如果自己不幸遇到了"坏叔叔"，自己吃亏受到了身体上的侮辱，这个时候你们千万不能为了面子选择隐瞒，一定要及时地告诉自己的父母或者其他可靠的亲人，只有将这些"坏叔叔"绳之于法才可以避免自己再次受到伤害。碰到这种问题后，也不要产生过重的心理负担，不要拿别人的过错来惩罚自己，相信自己的爸爸妈妈，学会向他们倾诉自己内心的真实想法。

谈谈性侵害

前不久，网上爆过一则丑闻，贵州毕节的一名中学校长强迫自己学校的女教师给官员陪酒。酒醉之后，这名色迷心窍的当地官员强行与女教师发生了性关系。事后，该女教师向当地派出所报案，警方竟然做出了一个令所有人匪夷所思的举动。当地的警方拒绝了该教师立案的请求，并且搬出了"戴避孕套就不能算做强奸"的奇葩理论。这样的回答显然是非常荒谬同时也是很不负责任的，而且这很有可能会误导你们这些青少年。

那么，什么是强奸，强奸的概念到底是什么？其实这个词语的定义对于我们每个人来讲都不陌生，也是个不难理解的词语。只要是违背了被害人的自主意愿，同时使用了暴力、威胁恐吓或者其他的伤害手段，强迫对方与自己发生性行为的犯罪行为都是强奸。不止是在我国，几乎在世界上所有的国家，强奸这种行为都是违反法律的犯罪行为，并且应该被判重刑。

我国的刑法就有明确的规定：犯强奸罪的，应处以三年以上十年以下有期徒刑；如果情节严重的，被处以十年以上有期徒刑、无期徒刑或者死刑。尤其是对于那些奸淫幼女的，以强奸罪定罪并应当从重处罚。进行强奸的行为人只能是年满十四周岁的男性，强奸的受害人也只能是那些年满十四周岁或以上年龄的女性。我国社会一般采取强奸的狭义概念，即无论男性的年龄有多大都不能成为强奸的受害者。

按照不同标准划分，强奸也有着不同种类。按照犯罪行为的实施方式划分，一般会分为三种：攻击型强奸、淫欲型强奸和冲动型强奸。其中，前两种类型都可以被看作是有组织有预谋的犯罪行为，它的危害性从某种程度上来说要更大。按照性侵者和被性侵者是否相识，又可以分为熟人强奸和陌生人强奸等。其实，与我们传统理解上的不同，美国的调查研究结果就表明，熟人强奸发生的概率要远远高于我们最常见的陌生人强奸。

违法犯罪行为有很多，比如说我们经常遇到的盗窃行为，强奸与普通的违法犯罪行为有着本质上的区别。偷盗或者抢劫这些行为都可以通过财物损失来核查受损害程度，即使是普通的伤害罪也是可以通过治疗费用等金钱来弥补损失；然而，强奸带给被害人的伤害却是我们难以想象的，这种伤害也是不能用物质就能补偿的。被害人往往除了遭受肉体上的伤害和蹂躏之外，还要承受着心理上的巨大伤害。

美国社会学家曾经提出过"强奸创伤综合症"的概念，用于描述那些被强奸之后的受害人心理上的压力和冲突。强奸这种性侵犯行为虽然是短暂的，但却很可能会对被害人造成持久的伤害，几年甚至几十年都是有可能的。由于强奸这种犯罪行为的突发性，被害人往往会长期处于惊恐不安中，她们中的大部分人由于心理上的压抑和冲突，不知道该向谁倾诉。然而，心理上的伤害长期累积，会直接加重受害者的生理和心理的痛苦体验。

此外，受我国传统思想的影响，贞操的概念根深蒂固，加之很多人往往对性侵害被害人戴有有色眼镜，甚至会有歧视现象的存在。这些都直接加重了受害者的恐惧感，引起她们内心严重的自卑。由于内心的极度羞耻感，有一部分人会在被性侵之后选择轻生；还有一部分

人精神被击垮，她们可能会终日以泪洗面，焦虑紧张，甚至靠绝食来折磨自己。

强奸会对受害人造成很大的痛苦，那么，平时我们应当怎样防范这种性侵害的发生呢？女生应当避免独自前往偏僻的地方，尤其是尽量不要走夜路，即使是万不得已的情况下也应该有人陪同。女生还要注意自己的着装，不应该穿过度暴露的衣物。尤其是夏天，天气炎热，如果穿得过于暴露就很容易让不法分子有机可乘。女生要学会自重，不要轻易地就和刚刚认识的人单独外出，也不要单独去见素不相识的陌生男性。

当发现自己被可疑的陌生男性尾随时，应该保持冷静和理智，学会机智地处理问题。独自一人在家时也要注意安全，尽量锁好门窗。在遇到性侵犯时更是要沉着冷静，学会与犯罪嫌疑人周旋，更要寻找一切可以脱身的机会，这个时候你的过度挣扎和恐惧可能会刺激性侵者的犯罪心理，反而对自己不利。另外，学习一些必要的防身术，也是有好处的。

如果很不幸地，侵害出现在自己身上应该怎么处理呢？首先，你应该在第一时间选择报警，不管性侵者是谁，都不能让不法分子继续逍遥法外。强奸是一种生理和心理上的双重暴力犯罪，强奸犯理应受到法律的制裁。报警之后，自己还应该及时地去医院进行全面的检查和必要的治疗。有时候还要在医学上协助警方收集必要的证据，为以后能够寻找出嫌疑人提供有力的帮助。最后，还要学会向父母倾诉自己的痛苦，尽量让自己心理的压力释放出来。

任何人都有自己的独立性和选择性，都有权利表达自己的意愿。性行为的发生应该是建立在双方自愿的基础之上，而非强迫。女性不是男权社会下性满足的工具，我们每个人都应该审视一下自己的性观念是否正确。你们正处于一生中最美好的青春期，如果由于一时缺乏理智而冲动犯下了强奸罪，那么不仅会给受害人带来难以磨灭的伤害，还会让自己的青春在铁窗中度过，无端蹉跎了自己的青春岁月。

第二章 学会对自己的青春负责

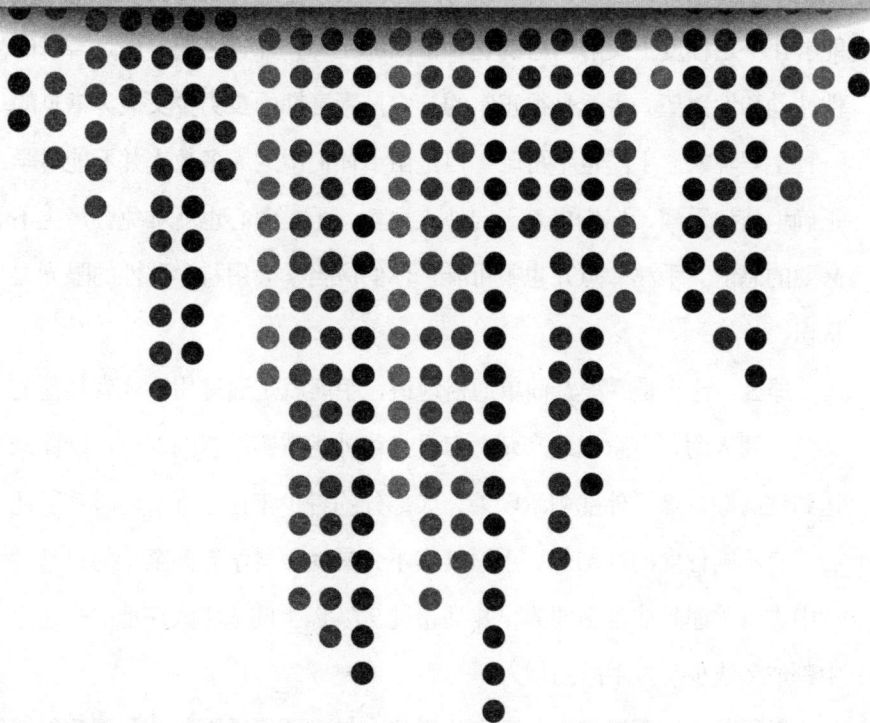

青春期性冲动

　　步入青春期的你们，身体逐渐发育成熟，由于体内荷尔蒙的作用，你们也开始对性产生强烈的欲望和冲动。同时，由于自己在生理知识上的缺乏和对不断变化的身体有着前所未有的恐惧，你们中的一部分人开始逐渐变得压抑。然而，有意或者无意之间，一些男生会突然发现手淫能够在一定程度上缓解内心的这种郁闷和压抑，并且还能够满足暂时的性冲动和性欲望。手淫是很正常的，它是青春期的少男少女最为常见的一种生理现象。手淫也不可耻，但是由于你们中的大多数人并不能科学正确地认识手淫，你们更羞于向外人请教，于是内心也就难免会产生不必要的恐慌。手淫一点儿也不可耻，你们应当学会用科学理性的眼光去认识。

　　那么，什么是手淫？简单通俗地讲，手淫就是通过用手或者其他的某些东西人为、有意识地来刺激自己身体外生殖器敏感的部位，以此来达到性高潮。除了外部刺激以外，大部分的青少年在进行手淫时甚至还会伴有不同程度的性幻想。手淫其实不分男女，科学界甚至认为日常生活中进行手淫是非常必要的，并且超过90%以上的成年人在他的一生之中都或多或少有过手淫的行为。

　　之所以会说手淫是一种正常的现象，最主要的原因是这种现象能够从侧面表明处于青春期的你们身体正在悄悄地发生着变化。经过青春期的洗礼，你们会开始从稚嫩走向成熟，但是，由于你们不能够正确地认识和对待出现在自己身上的手淫，你们开始排斥和厌恶这样的自己，甚至你们中的有些人会把诸如"放荡"、"下流"等极端词语强加在自己身上。手淫其实并不可耻，它既不违背我们最基本的社会道德准则，更不会对社会上的其他人造成伤害。

由于我们国家的传统观念影响根深蒂固，所以一旦出现了手淫行为，你们就会人为地给自己施加过多的心理压力，有时甚至会出现内疚感和负罪感。手淫会被一些缺乏科学知识的人误以为是种病态的表现，但其实适当的手淫是很有必要的。

青春期性冲动的力量不可忽视，它们宛如潮涌的洪水，而手淫对于性冲动从某种程度上来说就是控制性冲动洪水的闸门。所以，要正确地看待手淫这一现象，手淫就跟我们平时的洗漱一样，都是很普通很正常的事情。在青春期性成熟之后，身体一段时间内的性欲望就会不断积累，积累到一定程度之后自然而然就需要正常的途径来宣泄，但是由于你们年龄还小，更不可能有什么性生活，所以此时的手淫就成为最好的解决途径。

有研究发现，手淫能够在一定程度上帮助更新精子的贮存，提高精子质量。对于长期处于性压抑状态的人来说，精液不能更新，对身体会产生消极影响。当然，我们说适当地手淫对身体不存在危害，并不等于提倡或者支持那些无节制的手淫。

你们正处于培养自我控制能力的关键时期，如果手淫给你们带来的一时快感让你们无法实现自我节制，那么此时的手淫也是会带来负面消极的影响。青少年时期，害羞与孤僻的性格总是会陪伴在你们的左右，但是如果由于心理上的原因总是将手淫看作是获取满足感过分依赖的工具，那么这个时候很有可能是心理发育和社会适应能力出现了问题。

　　手淫不可耻，但却需要适度、需要你们个人来调节控制。如果总是把手淫作为解决紧张、获取满足的手段，那么这可能就意味着你的心理状态出现了问题。同时，这个时候的手淫已经不会再对你产生积极的作用，反而可能会诱发心理问题，导致极端现象产生。再加上青少年时期学业普遍比较紧张，如果把过多的精力用在手淫上，就很有可能会出现"记忆力减退""学习退步"等一系列问题。

　　如果单纯地想要追求性快乐，却不顾自己身体的实际状况过度地手淫，可以说是对个人身心健康的过度摧残，这些更有可能会透支日后的身体健康。青少年正处于性系统发育成熟阶段，过度的手淫很有可能会加重你们性系统的负担，引起各种性障碍问题。

　　有人说，性欲就像是潘多拉的魔法盒，魔法盒中飞出来的可能是天使也有可能是魔鬼。不可否认，性更是我们人类的一种本能。在青春期，没有性同伴的存在并不等同于说生理上和心理上不允许性需求的存在，更不等同于说青春期的男女应该是性的绝缘体。适当的自慰对任何人来说根本就不是罪恶，任何人也没有必要存在负罪感。但是，青少年时期的你们，很多人不能把握好度，为了自己的身体健康，还是学会节制为妙。

男女交往的尺度与距离

前不久，新闻爆出成都某中学曾经针对男女生的交往做了明确的校规规定，要求异性学生的交往距离保持在一米以外。对于那些不遵守的学生，学校会给予相关惩罚。这是目前我们国内比较罕见的对男女生交往的距离做出明文规定的学校，并在社会上引起了比较激烈的讨论。很多人认为这种做法完全是没有必要的，因为它限制了男女生之间的正常交往；当然，也有一部分人是支持的，他们认为学校的这种做法能更有效地引导异性学生的交往。

你们这个年龄段，正处于青春期最美好的阶段，男生与女生受荷尔蒙的作用相互吸引是正常现象。特别是你们很多人在心态上早已经接近于成年人，再加上如今生活水平的提高，使你们出现早熟现象更是自然，这个时候你们就很容易从生理和心理上都会产生与异性交往的需求。所以，为避免青春期出现"成长中的烦恼"，男生女生之间的交往应该注意保持适当的尺度和距离。

男生与女生之间交往是正常的，也是非常必要的。如果你们能够保持与异性的正常交往，这不仅能够促进你们身心的健康发展，对个人的学习进步也会产生正面积极的影响。心理学界研究普遍认为，青少年在青春期就应该进行广泛的交往，既需要结交同性好友，也需要有异性知己。因为比起那些缺乏朋友或者异性朋友的青春期少年来说，保持男女

正常的交往才能够完善个性，更能够培养自控力和自制力，这样心理才会更健康，并有助于形成积极乐观的开朗性格。但是，就目前来看，校园中的男生与女生的交往更应该恰当地处理。一旦处理不好，就很容易会影响学习成绩。

正处于你们这个年龄阶段的男女生在正常交往这个问题上是比较难把握的，如果交往中比较拘谨或者畏缩，就会妨碍青少年男女生之间的正常社交；反之，如果是对待异性过分热情，又会显得有些轻浮、随便、给人不庄重的感觉，这也同样是不可取的。所以，男女交往的尺度和距离要把握好。

我们作为父母当然会鼓励正常的男女生交往，我们不提倡你们在这个年龄阶段就谈恋爱。但是，它与你们的道德品质等无关，如果父母和老师非得用道德的眼光来审视你们这个年龄段的爱情，其实就已经造成了教育上的错位，我们更希望能够通过适当的教育来引导你们自己正确地去处理这些成长中的烦恼。青少年时期，正处于情感的冲动期。倾心仰慕异性是正常的心理，但是如果过早地去摘取早恋这枚青果，无疑是不理智的行为。那么，你们应该如何正确地把握男女交往中的这个度呢？

首先，要端正自己的态度，保持与异性的自然交往。无论是在与同性还是与异性同学的交往中，都要保持一份平常心。在交往过程中淡化对方的性别，培养纯洁友情，相互接触时做到落落大方、不卑不亢。言语上既不闪烁其词，也不过分夸张；行为上既不羞怯忸怩，也不举止随便轻佻，这样的同学关系才不会变得不自然、不舒服。

其次，要注意在与异性交往的时候，尽量避免单独接触，做到广泛交往。之所以会倡导广泛接触，是因为这样有利于你们更加深入地了解和认识异性，能够对异性做到总体把握。如果只是注重与有限范围内的个别异性单独交往，难免就会出现我们常说的"只见树木，不见森林"的情况，更会对异性的了解失之偏颇。过多的单独接触，很容易会陷入爱情的盲区，更会滑入异性交往越轨早恋的深渊。班级组织的集体活动是认识异性的最好途径，既能帮助你们能够更快地融入集体之中，又能通过正常的异性交往加深对异性的认识。

再次，就是注意交往中保持疏而不远。你们在处理同学关系时，既不要让对方感受到排斥距离的存在，也不要让异性感到交往过于亲密。一旦在交往过程中发现对方心绪的波动变化，要及时调整自己。但是也不要排斥正常的同学关系，如果有异性朋友约你一起去看电影或者吃饭，也是很正常的现象。对于那些公开的同学异性交往，完全可以大大方方地前去赴约。

最后，要为自己留有隐私空间，尊重每位同性或者异性。两性之间的敏感问题不要轻易去触碰，身体距离应控制在合理的范围内，更要在交际过程中学会尊重对方的意愿：不要向异性提出无理的要求，更不能随意干扰异性正常的生活和学习。青春期的男女，容易被异性所吸引，更会有不切实际的迷恋存在。只有自爱，才能赢得包括异性在内的所有人的尊重。

青春期的你们，人生观、价值观、世界观、审美观等各种观念尚且处于正在形成时期，你们接下来还将会面临着人生中的升学、就业等人生道路上的重要考验。现阶段的理想和人生追求还面临着很大的不确定性，心理性格等还未完全成熟，在处理问题时更容易感情用事，自我控制能力也不强。现阶段，你们应该把主要任务放在学习科学文化知识，为人生奠定坚实基础上。如果此时无法正确处理好与异性的交往尺度和距离，很有可能会分散自己有限的精力，荒废学业。

孟子曰："敬人者，人恒敬之；爱人者，人恒爱之。"希望你们能够

在享受美好青春的同时，能与异性的交往保持正常自然的交往。凡事都要把握好度，男女之间的交往既不矫揉造作，也不要暧昧。青春期的年轻人荷尔蒙虽然旺盛，但依然需要每个人学会把握好交往的尺度和距离。父母和老师不能决定你与谁交往，我们只能对你们的交友提供建设性的意见，当这些意见确实有道理时，还是希望你们能够听取长辈的意见。总之，男女交往中要把握适当的度。

不要因为恋爱而恋爱

不要因为一时的孤独而接受一个根本不适合自己的人去谈一场恋爱。人生之所以会美好，在于它的不可预知性，你永远都不可能会知道下一秒钟有怎样的精彩发生。爱情也是一样，你无法提前得知你的另一半会以怎样的方式在怎样的地点出现。

你们当中相当一部分人在步入青春期以后，当看到周围的很多同学都在谈恋爱，心理上很容易出现较大的波动。看到别人谈恋爱，看到别人开始拥有自己的甜蜜，你们开始不淡定，开始有嫉妒的心理；看到别人交朋友，自己就有了紧迫感，开始出现恋爱跟风。这个时候的你们，就好像是如果你们不谈恋爱，就会比周围恋爱的人差。但是，谈恋爱不是面子问题，没有恋爱对象也不是什么丢面子的事情。

或许你们中的一部分人抵挡不住甜蜜爱情的诱惑坠入爱河，那是因为他们可能真的遇见了自己认为的唯一。但是，也有那么一些人是因为看到别人的幸福甜蜜忍不住跃跃欲试，奈何单身的自己没有恋爱对象，于是很多人就开始为了谈恋爱而去谈恋爱。然而，恋爱不是你们想得那么简单，一旦你准备开始谈恋爱，这就意味着你应该付出的还有对对方的容忍、责任和一片真心。

爱情是一种发自内心的美好情感，如果仅仅只是因为深受周围同学

和朋友对恋爱幸福的渲染，就给自己施加压力寻找比较合适的恋爱对象，这同我们去商场选购商品没有什么两样。

如果自己都不知道对恋爱对象的真实感觉，那这种恋爱真的是没有什么存在的必要了。仅仅为了证明自己有人爱就去恋爱，连喜不喜欢对方都不知道，有些过于草率。真正的恋爱应该是建立在双方共同的理想之上的，所以，谈恋爱一定要谨慎，千万不要为了恋爱而去恋爱。

谈恋爱并不是像大多数人认为的那样可以手到擒来，任何时候的恋爱都应该被认真对待，无论是年少时的两情相悦还是以后直奔婚姻主题的恋爱，都应该受到恋爱双方的高度重视。青少年的你们总是羡慕浪漫、相信缘分，每一段青春年少的恋爱都渴望着童话故事中那样的爱情，于是恋爱的种子开始在很多少男少女的心底萌芽，爱情也开始伴随着青春呼啸而来。

恋爱的感觉对于你们年轻人来说很美妙，然而，如果两个人明明不是由于爱情的吸引而是因为孤单和寂寞走到了一起，换句话来说，为了恋爱而恋爱的这段感情是很难长期维持下去的，这种恋爱"热"得迅速，却也能够"冷"得彻底。恋爱除了是相爱双方情感的见证之外，体现的更是一种责任。

没有恋爱的青春期一定就是枯燥乏味的吗？其实也不尽然，你可以把更多的时间、精力用在学习上，可以跟周围的同学和老师搞好关系，这些都能够为自己的未来打下坚实的基础。虽然没有体会到爱情，却有了更多的时间可以去开阔眼界，增加自己的人生阅历、丰富自己的内心世界。

不要因为别人恋爱而去选择恋爱，不要因为羡慕他人的爱情就去盲目涉足爱情。青春期的你们更没有必要去着急，如果恋爱这件事是注定会发生的事，那么它就一定会发生。等待着在合适的时机，和对的人一起，因为一个最为正当的理由去谈一场真正的恋爱。

冲动是青春的魔鬼

冲动是什么？冲动是魔鬼！韩寒在自己年轻时就对着自己的青春呼喊"再不疯狂，我们就老了"，而这句话也成为了韩寒青春期的最真实写照。然而，冲动和激情从某种程度上来讲可能会成为青春的提拉米苏，一个人的青春，如果能够保持适当的冲动与激情，那么就能够把青春期中奶油与巧克力的美味发挥到极致；相反，青春期过量的冲动与激情，却可能会让原本美味的提拉米苏含糖量过高，会让自己的整个青春甜得发腻。青春期的你们，让我们做父母的感到无法理解你们的很多行为。在外界人的眼中，你们总是那么的躁动叛逆，情绪的波动更是大大超出以前，我们父母和其他长辈的任何劝告你们都很难听进去。叛逆的青春期，让你们总是简单地归结于自己越来越跟父母缺乏共同语言，这个时候的亲子关系简直可以说是有了一道无法逾越的鸿沟。

人的一生要经历各种不同的阶段，每个阶段都有每个阶段的特征，而这其中青春期无疑是最为"危险"的时期。我们之所以认为青春期危险，是因为此时的你们正在经历着生理和心理上的双重急剧变化，所以青春期也被心理学家称为"心理断乳期"。青春期的发育特点决定了你们每个人都会有超出常人想象的冲动、好奇，以及喜欢群体行动的倾向。相对应的，你们在面对长辈或者师长时，更倾向于以沉默或敌对来对抗，冲动的情绪也开始在你们的体内蠢蠢欲动。然而，这个时候的你们，如果不能控制住冲动的魔鬼，就很有可能会走向歧途。

为什么说冲动是青春的魔鬼？你们这个年龄段本身的"免疫力"、自我控制能力薄弱，意志力不坚强，使得你们相比较于成年人来说更容易受到周围环境的影响，这个时候的你们更容易被别人利用和蛊惑；另外，一般来说父母普遍工作都太忙，不是不想重视对你们的教育问题，而是因为总是力不从心，冲动便钻了你们青春期的空子；还有就是外部社会环境鱼龙混杂，不良的影视作品、网络等成为诱因。

你们渴望获得父母的尊重，独立意识驱使你们不愿意父母总是把你们当作小孩子看待。自制力的缺乏、好奇心的驱动使得你们中的相当一部分人开始变得冲动，更是形成了青春期犯罪的高危期。正值年轻气盛，法律意识薄弱，你们无法正确地认识到自己行为的后果，仅凭着自己满腔的热血，很容易在一时冲动之下造成严重的后果。冲动是青春的魔鬼！

懵懂与冲动往往会直接导致青春期的你们走向违法犯罪的深渊。对于青春期的你们来说，尤其是青春期的男生，打架斗殴往往是家常便饭。但是你们却不知道，这些在你们眼中无关痛痒的小事，却能够带来严重的后果。因为，这些你们眼中的小事很有可能会与"寻衅滋事罪"、"聚众斗殴罪"、"故意伤害罪"、"抢劫罪"甚至是"故意杀人罪"等等各种法律条款和罪名联系在一起。冲动是青春期的魔鬼，如若不谨慎，甚至会给你们带来血淋淋的教训。

十七岁的少年因为没钱支付打车车费与司机起了争执，期间因自己一时的冲动持刀刺死司机，犯下杀人的罪行。这种事件在我们如今的社会并不少有。冲动埋没了他的青春岁月，事后再后悔也无济于事。李某某的案子前不久轰动全国，身为未成年人的李某某无证驾驶、飙车、开车撞人、殴打他人，再加上轮奸。外界无从评价是什么原因让他如此挥

霍自己的青春。他的父亲在对儿子教育工作失败进行总结的时候，把一系列事件发生的原因总结为：自己平时工作太忙，对儿子缺乏管束，正处在青春期的儿子冲动下难免会犯错误。子不教父之过，李某某的行为与他父亲教育的失败是分不开的，但却恰恰是青春期的冲动使得他最终酿成大祸。

冲动是青春的魔鬼，希望你们遇到事情的时候能够更多地保持冷静与理智。青春的魅力应该是你们人格魅力的展现，而不是靠"拳头"大小抑或是与他人和社会的格格不入来决定。千万不要因为自己一时的冲动，就为自己的青春沾染上永远挥之不去的阴霾。青春是短暂的，它总是在不知不觉中就与我们擦肩而过。

处于青春期的你们，请一定要珍惜，因为韶华易逝岁月不留情。冲动总会让我们付出相应的代价，成熟却总是在青春的岁月里姗姗来迟。你们正处于人生的冲动期和躁动期，很有可能会由于一时的冲动为了眼前的一个人或者一件事义无反顾。毛主席说过："世界是你们的也是我们的，但归根结底是你们的，你们青少年是早晨八九点钟的太阳，朝气蓬勃，希望都寄托在你们身上。"

无论哪种教育都不是简单的事情，父母对你们这些正处于青春期孩子的教育并不是一件容易的事，过于简单粗暴、过于严厉不行，因为你们会叛逆；过于放纵、溺爱更不行，这是对你们的不负责。冲动总是伴随在青春的左右，青春期的孩子总是容易冲动。青春的代价，总是那么得苦涩惨痛。冲动是青春的魔鬼，年轻时的冲动终归还是需要自己买单，凡事应该三思而后行，切不可盲目冲动。

不要因为好奇让自己后悔

"好奇害死猫。"进入青春期的你们，已经不再是那个听话的好孩子，你们开始对自己之前并不熟悉和不曾接触过的事物充满好奇。在你们的心目中大人的世界是如此的神秘，成年人的世界里有着太多的诱惑，于是你们无比向往一探究竟。然而，奈何青春期的你们，通往成人世界的那扇门并没有完全开启，父母依然是那么的严厉，长辈依然把你们当孩子看、对你们严格要求。

于是，在好奇心的推动下，各种不正当的需求开始在你们未成年人的心中作祟，我们做父母的理解此时的你们渴望体验成年人的生活的那种急切心情。虽然说，如今生活条件显著改善，你们希望能够自我认知、自我表现也是正常的；但是你们还年轻，成年人那些好的行为可以去模仿，那些非正确的做法却应该做到远离，因为这个时候的好奇心很容易让你们做出将来后悔的事。

我们需要好奇心，正是由于好奇心的存在才使得诸如牛顿等这些伟人有机会发现万有引力定律。我们对比尔·盖茨退学哈佛的故事如数家珍，比尔·盖茨在校期间还因为对计算机的好奇心，曾经深夜偷偷地潜入学校的计算机室。正是由于对计算机的好奇和兴趣，他成立了微软公司，并且通过微软的市场扩张成为世界富豪。然而，同样是出于对计算机的好奇心，我们身边很多的青少年却是选择多次光临网吧，荒废掉自

己的学业。很多青少年由于缺乏自制力逃课，没钱玩游戏的他们甚至会走上犯罪的道路。

不可否认，世界上很多的新发明新创造都离不开好奇心，但是许多青少年的违法犯罪行为也是与好奇心紧密联系在一起的。前不久，我国破获过一起五名少年轮奸同龄少女的未成年人犯罪事件，这些少年面对检察机关讯问作案动机时，他们给出的犯罪动机竟然只是因为自己"觉得好玩，好奇"。犯罪动机实属荒谬，但是却真的是很多青少年实施犯罪行为的动机。仅仅只是因为青春期的冲动和猎奇心理，就轻易走上了违法犯罪的道路，实在是让人扼腕叹息。

青少年具有叛逆心理是正常的，比如说父母不希望你们过多地沉迷于网络，你们却非要偷偷地跑去网吧。很多孩子在青春叛逆期之前对父母的话深信不疑，每次出门都会如实告诉父母；可是一到了叛逆期，却把这些都抛在了脑后，仅凭自己的喜好去做事，这就很容易沾染上不良习惯，甚至有可能会触犯法律的底线。更有甚者，如果你们把好奇心放在吸毒、暴力、黄色书籍和黄色录像等方面，就很有可能会酿成大祸。

随着生理和心理成熟的到来，你们很多方面的意识开始觉醒，尤其是对异性产生浓厚的兴趣。喜欢接近异性是人之常情，歌德都说过："哪个少年不善钟情，哪个少女不善怀春"；但是，男女生理知识和性知识却被封闭起来，于是你们更加地好奇，甚至开始对许多低级黄色刊物和视频感兴趣。

好奇心人皆有之，想必亚当和夏娃的故事你们也都听说过。西方传说中，亚当和夏娃虽然被上帝告诫过不能够随便吃树上的果子，可是他们却偏偏在蛇的诱惑下，为了满足自己的好奇心偷吃了禁果，结果他们也受到了上帝的惩罚。我们父母或者老师出于对你们青少年的保护，不希望你们看这个或者做那个的时候，或许可能恰恰会增长了你们的好奇心，反而你们越想去尝试。青春期的孩子总是怀有强烈的好奇心和旺盛的求知欲，再加上逆反心理的助长更是容易引起逆反。

一名十几岁的花季少女因为好奇心走上了吸毒之路，交友不慎的她第一次接触到毒品是在朋友家中。看着朋友吞云吐雾、异常享受的样子，好奇心开始蠢蠢欲动，于是她也决定自我享受一次。有了第一次就开始有了第二次、第三次，年幼的她最终由于好奇沾染上了毒瘾。没有购买毒品的钱，她就开始去偷、去抢，最终完全地堕落了。身处牢狱的她后悔地说道："好奇赔尽了自己的青春。"

你们应该学会控制自己的好奇心，学会控制自己的情绪。情绪对于人类来说是再正常不过的存在，好奇也是人类情绪的一种。有益的好奇心能够激发你学习探索的能力，相反，那些消极的好奇心则可能会毁掉一个人的人生。

学会调节和控制自己的情绪是很重要的，青春期的你们如果能够形成乐观开朗的性格，这样更容易让你生活在灿烂的阳光下；同时，还要学会排解自己内心的冲动，保持心平气和的状态，最重要的是要让理智来支配自己的行为，而非听从于好奇心的驱使。这个时候的你们往往会有着各种各样的要求或者愿望，但是这些要求和愿望都应该是在社会道德允许的范围内。如果自己的好奇心触碰到了法律的底线，就必须要用理性来战胜好奇心。

在人生道路上，往往会在路途中遇到很多的岔路口，但是千万不要因为一时的好奇就轻易地放弃原先的康庄大道而选择岔路口，因为往往在转弯之后你才会发现自己已经走错了路，也没有什么回头路可以走。

所以，你们要学会自我辨别和自我控制，我们做父母的是不会害自己的
孩子的，在大是大非面前还是应该听父母的话，千万不要因为好奇而让
自己走上不归路。

第三章 我们不是只看重你的分数

我们当年也是那么讨厌学习

　　什么是成熟？有人说，所谓的成熟，其实就是自己开始慢慢地变成了当初最讨厌的模样。哪有人愿意生下来就被学业成绩所束缚，我们当年也是一样，当年的我们也和你们现在一样讨厌学习。然而，矛盾却又可笑的是自己当年都那么的不喜欢学习，如今当了父母之后却不得不把所有的希望都放在你们努力学习上。也许有朝一日当你们成为了父母，身份的转化很有可能也会逼迫你们又会成为现在的我们。尽管如此，我还是想要告诉你，我们当年也是不喜欢学习，甚至是讨厌学习。

　　当我们与你们这般大时，我们也是同样对自己的父母有着数不清的怨言，我们总是希望自己的父母对我们能够多一些宽容、多一些耐心和尊重，我们也希望他们不要总是盯着我们的学习成绩。然而，等我们自己真正当上了父母后，却仿佛忘记了当初对父母的万般期待，患上"失忆症"的我们明明也曾如此的讨厌学习，如今却还是想尽办法逼着你们去喜欢学习。孩子请你理解我们父母，理解这个时候矛盾的我们。

　　出现这种情况的原因是：父母的角色已经发生了转变，从孩子转变为父母，身份的转变使得思维不得不做出相应的调整。换句话说，处于不同角色就会拥有不同的心态，理想化的处事方式是不现实的。我们的父母当年也会如同今天的我们一样，也是会向当初的我们施加压力："我当年啊，就是因为自己学习不好，所以只能是现在的样子，没什么大的成就，工作上也不顺心"等。当然，也会有些学习成绩优秀的父母向孩子意气风发地回忆当年，但这毕竟是少数。

学习和青春并不矛盾。学习也是青春的一部分。哪能人人都是第一名，只要是成绩排名存在，总会有学习排名靠后的学生存在。所以，并不是人人都能得第一。努力考第一，努力拿奖学金是激励你们学习的动力，却不是唯一理由。

父母总是生怕自己的孩子输在起跑线上，我们总是给你们灌输各种各样的思想，比如不学习没出路啊。为了你们的学习，上各种课外补习班也是正常现象，不过你们现在报班的范围要大得多，比如奥数竞赛班、兴趣爱好班、课程强化班等等。处于这种被压迫状态下的你们肯定也是痛苦的，总觉得父母干涉自己的生活太多，留给自己的时间太少，总是觉得自己的父母永远不知道如何来体谅自己，永远都在学习上要求那么严格，总是用爱的名义要求你们做自己不喜欢的事情。

进入青春叛逆期的你们开始顶撞自己的父母和老师，开始学会旷课逃学，开始不做作业。有些人更是过分，开始组织帮派打群架，这些都是很危险的暴力行为。试想都是血气方刚的年轻人，如果其中有人携带危险刀具，后果不堪设想。悲剧，在校园里屡见不鲜，叛逆反而成了你们资本，成了好多人无名的优越感。于是，有些人为了抵触学习开始走上这样的歧途，实在是令人痛心。

但是，当你们真正地离开校园时，最后悔的事情莫过于在学校期间没有好好学习，白白辜负了大好时光。曾听过这样一句话：出来混的人迟早是要还的，当年自己不好好读书，就会导致以后的自己疯了似的拼命读书。这样的以后和将来是不是很悲惨？是的，书到用时方恨少，自己年轻时不珍惜，将来需要的时候就会格外地后悔。尤其是当你看到自

己的同窗的成就，他们的生活让你无比羡慕，你开始自我反省，却发现对自己当初学习的不努力是如此后悔。

父母是孩子的第一任老师，从你们的出生一直到你们长大成人，十几年的漫长时光里都是父母陪伴着你们一起走过。父母无疑是影响家庭教育最为重要的因素，在你们的身上同时也能折射出父母家庭教育的影子。所以，当年那么讨厌学习的我们，自己的孩子也极有可能会跟当初的自己一样厌恶学习，这些都是很正常的现象。

小时候，我们也曾跟你们一样迷茫，一样对未来充满着不确定性。我们讨厌学习，却对父母如此那般强迫自己的行为表示怀疑，正如现在的你们怀疑我们、进而怀疑我们对你们的爱。孩子，以后你就会明白：学习是为了自己。我们爱你，也相信成为父母后的你们能感同身受。到时候你们也会对自己的孩子感叹：当年我也是那么的讨厌学习。

学历还是有用的

孩子，你总是向我们抱怨，嫌父母思想太保守，总是把能顺利考上好大学作为孩子教育成功的重要参照。可是，要是你将来面临的社会真如你想的那样，是金子总会发光，是人才总会有用武之地的话，我们也愿意你能够每天做自己喜欢的事情，而不是经常学习到深夜。

但是，社会有着你所不了解的残酷，你以为天公会不拘一格降人才，可是这样被发现的人才其实只是少数。你向往韩寒式的成功，在你的理解之中，你觉得即使自己高中毕不了业，也依然可以成为向韩寒一样成功的人。你可能会用名牌大学大学生毕业之后卖猪肉的案例来反驳我们的大学教育理念。可是，韩寒这样的案例其实仅仅是个例，顶着名校毕业生光环的大学生选择卖猪肉为生也是极少数。谁也不能否认，如今我们整个社会的教育背景和教育体制之下，学历依然是成功与否的重要因素之一，可以作为成功的一块敲门砖。

讲到这里，你可能就会不服气了，我可以给你举一个真实的例子。一个已经工作几年的大型外企销售员想要跳槽到别家公司去，因为他不甘心仅仅在原来的公司里永远做一名普通的销售员。恰逢该外企的竞争对手招聘销售经理，他就信心满满地去了。他确实是有竞争力和优势的，不仅有着多年同行业的销售经验，而且对产品有着独特的见解，而他本人也是仪表堂堂、气质出众，更难得的是能讲一口流利的外语。

他前去应聘的公司询问相关情况，但却因为本次招聘要求的学历至少是本科，专科毕业的他连面试机会都没有获得，更不存在被录用的可能。你看，学历其实还是有用的，如果他能够达到本科毕业的最低线，其他方面的条件如此优秀的一个人，恐怕是能够很容易被录取的。正是因为学历不够资格，连 HR 的面都见不到，再优秀岂不是空谈？

孩子，你会发现在我们身边类似这样的例子其实有很多，尤其是到了大学生毕业的招聘季。你也会知道这个社会对学历的要求越来越高，近些年来人才数量逐渐增多，这也从很大程度上导致许多用人单位转而开始设置各种门槛。

本科以上学历几乎已经开始成为许多公司的最低门槛，更有很多公司开始打出限"985、211"毕业生的要求，更有甚者会在招聘时出现"学历查三代"的情况。所谓的"学历查三代"就是指许多公司在对外招聘的时候不仅会限制你的最高学历是名校毕业，他们甚至会打出"本科非'985'、'211'高校，不予考虑"的要求。是的，这就是如今就业过程中出现的与学历有关的问题。不要惊讶，你以后所面临的就是这样的实际现状，甚至比这些还要更加严重。

你可能会觉得所谓的学历其实不就是一张纸质证明，这又代表不了你的真实能力和水平，没有学历不代表没有能力。但这些用人单位为什么就偏偏看重这些不能起到什么实际作用的证书呢？其实，用人单位肯定也会知道学历不等同于能力，但是在无法仅凭面试表现就证明你能力的今天，学历就起到了很好的筛选作用。不是说任何一个本科生都会比专科生的实际能力强，但是我们会认为本科生学历阶层的整体水平会高于专科生。同理，研究生和博士生也是亦然。

一份相同的工作，本科生群体中超过 80% 的人能够轻松胜任，一半的专科学历群体能够胜任，而高中毕业生群体大约只有 30% 左右的人能够胜任。很明显，学历越高的群体胜任的轻松度越高。试想一下你就是公司的招聘人员，你会放弃相对比较靠谱的本科生，而去选择胜任风险极高的高中毕业生吗？所以，存在即合理，这个社会之所以会有相当大的一部分人重视学历还是有一定道理的。

你可能又会说并不是能考上好的大学就是成功，你觉得父母对成功的定义未免太过于狭隘。可是连铜牌都拿不到的人又凭什么让别人相信你能拿到金牌呢？你连生活中花大量时间用来学习的功课都不能做好，又能做好其他什么事情？是的，我们对于成功的标准或许在你看来真的是太过于死板，可是这也是因为我们对这个社会了解的多了，比你知道哪种成功是更容易取得的，谁愿意拿自己孩子的前途，挑战风险极高的类似韩寒的那种成功？

但是，也正如你所认识的那样，学历并不是一切。很多年之前，耶鲁大学校庆邀请了"甲骨文"总裁埃里森，他曾经在面对全校师生时这样调侃过自己的母校："身为哈佛大学、耶鲁大学等名校的师生无论是谁以为自己是成功者，其实在我看来你们这些人毫无疑问全都是失败者……全球首富比尔·盖茨从哈佛大学退学；世界第二富保尔·艾伦，压根儿就没有踏入过大学一步；世界第四富，也就是我被耶鲁大学中途除名；我们所熟知的戴尔，也仅仅只接受过一年的大学教育。而比尔·盖茨的同学斯蒂夫·鲍尔默之所以会逊色于盖茨，也是因为他是在读了一年的研究生之后才恋恋不舍地退学。但是，在座的各位名校生也不要太沮丧，社会还是需要你们的，你们经过这么多年的努力学习，最终能够赢得为我们这些人（退学者、未读大学者、被大学开除者）打工的机会。"是的，有学历不能代表拥有一切。

但是，每个人都不应该妄自菲薄，"这些人"在社会上是少数派，他们的天赋不是学校教育培养出来的，对于大多数的我们来说，大部分人

还是要选择受人雇佣。由此可见，文凭不能决定一切，却是起到了敲门砖的重要作用。每个父母在教育孩子的问题上都是煞费心思，不知道你现在或者长大之后能不能理解我们的那份苦心。

关注分数，是为了关注未来

从小学到初中、再到高中，你们常常对身边的人抱怨教育考试制度的存在。每次被父母或者其他人问到考试分数的时候，总是显得格外的不耐烦。于是，本来好好的关心在你们眼里就被曲解成了我们家长的"唯分数论"和"分数至上"。没错，父母或许是有些过于关注你们的成绩和分数。我们之所以如此的关注你们的分数，其实更多的是想要关注你的未来。人云："万丈高楼平地起"，要知道你们在考试中最常考的都是些基础知识，如果你们的基础都打不好，又怎么能掌握好更深奥的知识呢？而分数恰恰是一个人基础打得好不好的最直观反映。

美好的未来往往都没有捷径可以到达，必须要通过自己的努力和拼搏，分数和成绩的积累往往更能反映出你一点一滴的进步。如今的教育制度或许在你们的眼里早已经不适应时代的进步和发展，仅靠成绩单上的分数不能单纯地反映出你们的实际能力。那么，这种情况下国家应该怎样去选拔人才才能真正地做到公平？暂时没有别的办法，只能通过统一的考试，根据分数来进行划分。教育改革需要漫长的时间和过程，放眼未来，社会评价你的能力还是主要借助于分数这把标尺，换句话来说目前所出现的以分取人、唯分择校的情况暂时还是不会有所改变。

不可否认，现有机制下我们家长是最关心分数的人群。但是，我们的格外关注是有一定道理的，因为你以后肯定会面临着高考这道人生中的大门槛，而高考中的分数则决定了你将会上什么类型的学校。你的分数决定你上的学校类型是"985"还是"211"，是普通本科还是专科。而学校的类型又极有可能很大程度上与你们未来的工作机会和工作方式密切相关，工作又决定了未来你的生活状态和生活水平。所以说，分数关系着你的未来。

只有在考试中取得高分的那些人才能够升入更好的学校，更好的学校往往有着更加优良的教育资源。麦可思曾经对中国的高考分数做过调查研究，他们通过数据分析认为：高考分数越高的学生，未来的就业薪水则会越高。这项调查研究也从侧面验证了分数反映未来。

由此可见，从某种程度上来说，父母过于关注你的分数，过于重视你的成绩是有道理的。谁不希望自己的孩子未来能够成功？谁不希望自己的孩子以后能够生活幸福？除此之外，分数也是衡量你们学习能力和学习水平的重要标准。因为分数很大程度上与你们目前的学习状态、学习效果以及学习方式是否科学等方面密切相关。所以，我们关注分数本身是有原因的。

或许我们在平时的交流中会忽视自己的用语问题，把分数总是挂在口头上，凡事都要唠叨几句。于是，你开始厌烦了我们问你："快考试了吧？一定要好好复习呀，这次争取考 XX 分，要是考好了就有奖励。考不好的话，什么都甭想了……"这确实也是不对的，因为这样的言语往往无法得到我们想要的效果，不仅不能激励你们进步，反而可能会给你们施加压力。更何况现在的你们，心理还是非常脆弱的，这也就在无形中给你们的心理造成了伤害。不知不觉中你们就开始厌烦了我们的唠叨，开始厌恶学习、讨厌考试，这与我们的初衷都是相违背的。

但是，我们为什么会关心你的分数？第一，我们关心的不仅仅只是这个分数，而是关心分数背后所反映出来的学习能力水平。如果考试能够正常发挥出你们的原有水平，那么所得到的考试分数也能够反映出前一段时间的学习过程。学习成绩的提高和高分的获得，不是一次考试就能考出来的，而是在于你们平时的学习积累。学习效率高，学习效果好，分数自然就会高，由此看出，分数背后学习能力的提升才是我们关心的实质。

第二，我们不仅仅只是像你们以为的那样，只看到一个表面的分数，我们更加关注的是上次分数与这次分数之间的对比。成绩退步了，必然有深层次的原因，我们希望能够和你一起分析原因，下次不再犯类似的错误。如果分数提升了，我们更是欣慰，同时也希望你们能够再接再厉。

第三，分数能够反映出你的整体学习能力和综合素质。分数是衡量现阶段得你们的一个重要指标，也是你们学习能力最为直观的反映。分数都无法提高，学习能力又怎么能提高？通俗来讲，学习能力强的那些人学习成绩和考试分数也不会差到哪里去。人在每个阶段都有每个阶段的任务，你们现在这个阶段的主要任务就是学习。通过考试分数，你们能够更好地认识自己，发现自己的长处和不足。

分数背后反映的就是你们某种程度上的能力，能力背后则更多地反映出你们的未来。关心孩子分数的家长，也一定是合格的父母。目前我们的教育制度尚不完善，功利化的教育风气一时难以改变，这不止是我们家长无法改变的事实，也是学校都不能解决的问题。你们当然不是考试的机器，但是如今的教育体制却离不开考试；所以，我们才会如此地

关注反映考试成绩好坏的分数，因为我们更想透过分数来关注你们的成长，分数不仅仅只是数字，关注分数也不只是因为我们家长功利，我们其实更想通过你的分数来认识你的能力，通过关心你的分数来关心你的未来。

分数不是你唯一的标签

每年的七月份是一年中最炙热的季节，尤其是对于很多学生来说也是比较特殊的时期。因为每年的这个时候，一年一度最受父母和老师关注的高考成绩就会出来了。这个时候，可谓是几家欢喜几家愁。不仅高考学生的家长，家里有学生的父母往往都会关注这个时候的高考分数线，再加上很多的媒体也会对高考分数进行大幅度的渲染，有些媒体开始热炒"状元"。于是，深受不良社会现状的影响，很多人开始在高分与好学生之间画上等号，而这个时候对于那些考试发挥欠佳，分数不高的学生来说是难熬的，这个时候的分数好像成为了学生这辈子命运的主宰。

你可能会觉得父母过于"唯分数论"，但是其实不然，在父母的眼里，分数并不是你唯一的标签。如今的社会毫无疑问是丰富多彩的，通往成功的道路自然也是千条万条，学习成绩是这个时候的你们最重要标签，却不是唯一的标签。这也就是说那些现在考试分数高的学生并不一定将来会成才，而那些考试成绩不好的学生将来也不一定会一事无成。人的成功与否，很大程度上取决于这个人的能力和品质，而非分数。

一千个人的眼中就会有一千个哈姆雷特，与我们中国把分数标签牢牢贴在好学生身上不同，西方国家对于孩子的教育问题要更加地全面。尤其是在欧洲国家，欧洲的教育工作者更喜欢根据孩子的特质把各种各

样的标签贴在孩子的身上。在孩子的教育上，更喜欢启发孩子自己喜欢什么工作，自己能够做什么类型的工作。这样，在未来进行工作方向选择时，这些孩子的工作选择往往会更适合自己。

与欧洲的教育理念相同，很多的美国父母也不会把标准化分数作为衡量孩子的标准。他们的普遍认识是"分数说明不了什么"，并且在美国的学校里，那些成绩好分数高的孩子并不像在我们中国那样是深受欢迎的孩子，美国的教育往往更喜欢那些全面发展的孩子。

分数不是你们唯一的标签，所以你们也不要因为一时得了高分就沾沾自喜，更不要因为低分就萎靡不振。不是每个人都能成为知识渊博的学者，只要是能够在平凡的岗位上尽心尽力的人就是人才。古语有云："三百六十行，行行出状元"，职位不分高低贵贱，任何一个再平凡不过的岗位做得好也是人才。对于我们父母而言，学习好、分数高不是绝对要完成的人生目标，相反，如果过于看重这些虚无缥缈的分数反而会掩盖你们在其他方面的闪光点，只有良好的品质和健全的人格才是你们成功的重要保证。考试分数只是对某一个阶段成绩的标准化反应，固此，我们更希望你们能够多方位立体化发展。

那些小时候学习成绩不好、考试分数不高长大之后有着突出成就的人当然是数不胜数，韩寒作为年轻人的偶像自然不必说，奥运冠军刘翔也是如此。小时候的刘翔在学习上其实成绩并不是特别突出，但长大后的他照样能为祖国争光。也许你将来并不能考上我们期望你能进入的名牌大学，但是说不定你却可以成功地创业，成为一名成功的企业家。或许你以后并不能光耀门楣、光宗耀祖，只能成为一名普通的白领或者是普通的技术人员，但是只要你肯努力，社会上就一定会有你的位置。

你们应该全面发展，不仅要学会书本上的知识，还要不断地丰富自我的社会实践经验，更要掌握一定的日常生活知识，为此，我们希望你们能够多去实践，多到处走走，到处看看。既要行万里路，又要读万卷书，开阔自己的眼界，同时还要学会注意观察我们日常生活中的点点滴滴，做一个生活中的有心人。

你要知道，分数其实并不是我们父母判断你们成功与否的唯一标准，人生道路上还有着各种各样的风景等待你们去体验。父母对你们的欣赏是发自内心的，并且能够看到那些连你们自己都未必能够发现的闪光点。如果你能有个光鲜的分数，作为父母我们当然会高兴。但是对于我们而言，你们的身上却不止有分数这一项唯一的标签。

一个人的进步可以是多方面、多角度的，这个进步当然不会都体现在分数和成绩上。除了学习，还有其他很多重要的领域等待你们去接触，从某种程度上来讲，兴趣的培养比学习成绩更加重要。如果你们向应试教育妥协，成为只看重学习成绩的孩子，势必会影响你们的全面发展。

"唯分数"这把尺子作为衡量学业的标准或许会在学校教育中发挥一定的作用，然而，当你们真正跨入社会之后会发现，这把标尺很有可能会立马失去应有的作用。那些会考试、能拿高分的学生，当高分数的荣誉光环褪去之后，也不得不用更多的品质和能力来面对残酷的竞争现实。甚至有些人会发现自己除了成绩之外一无所有，现实落差更容易击垮的是那些"唯分数论"者。

无论什么时候，分数也只能被当作是考察的一种形式和手段，它也永远只能被当作一种手段。任何时候分数的高低并不能完全地证明你是否学到了什么，也不能衡量你到底掌握了多少的知识，更无法去论证你的品格和能力到底如何。所以，分数并不是衡量你的唯一标准，也不是

你身上的唯一标签。你们的品德修养，你们的善良爱心，你们的性情天赋，你们的爱好与性格都可以成为我们引以为傲的资本。

兴趣是你最好的老师

法国著名的昆虫学家法布尔曾经把兴趣比作炸弹，他认为："兴趣能把一个人的精力集中到一点，这个时候兴趣的力量好比炸弹，可以把障碍物炸得干干净净。"事实上炸药的威力归根结底毕竟是有限的，但是兴趣对我们的影响力却是不可估量的。法布尔本人就因为自己对昆虫的强烈兴趣，能够一连几个小时一动不动地盯着昆虫观察。

兴趣是你最好的老师，爱因斯坦就说过："哪里没有兴趣，哪里就没有记忆"。姚明是我们家喻户晓的篮球明星，他与篮球的故事可谓是兴趣发展成职业的最佳例子。姚明小的时候，他的父母并没有刻意要求他把职业篮球运动员当作自己将来一生的事业，他们只是希望年幼的儿子做自己喜欢的事情。如同每个传统的中国父母一样，他们更希望儿子走的是一条读书、上大学、找工作的人生道路。但是姚明却发现自己是真的喜欢篮球，在兴趣的驱动之下，姚明也最终成为了专业的篮球运动员。

我们通常所指的兴趣一般是指能够对我们的个人发展产生积极的和带有明显倾向性、选择性的良好态度的情绪。我们每个人会对自己感兴趣的事物给予优先的注意和观察，并愿意花费大量的精力来探索。比如说，如果你喜欢足球，才会关注各项足球比赛，更会对足球明星如数家珍。如果你对美术有兴趣，那么你就会对各种各样的画展有着浓厚的兴

趣，更愿意收藏、模仿不同风格类型的绘画作品。

当然，我们所说的兴趣并不是说仅仅对事物表面关注这么简单，真正的兴趣是能够让你得到精神上的满足的。我们中国的父母总是希望孩子能够在学校学习之余有一些其他的爱好，比如说音乐、绘画、舞蹈等。便根据你们一时的兴趣，报了各种各样的兴趣班，剥夺了你们周末的休息时间，你们难免会抱怨，觉得自己时间太过于紧张；但是在我们父母的观念里，之所以会这样做是因为我们希望你们在广泛涉猎的同时能够真正地找到自己的兴趣爱好。

那么，兴趣有什么作用呢？首先，从长远来看，兴趣能够为你们的人生、为你们的未来奠定基础。就比如说现阶段的你们，如果在学校学科中对数学感兴趣，那么这就能够激励你们学习数学知识，更能够建立起数学思维模式。其次，兴趣能够集中现阶段你的大部分精力。这就像工作一样，如果你对自己从事的工作没有兴趣，就会觉得工作时间度日如年，也很难在职场上有所建树。最后，兴趣能让你们学会创造性地学习，有利于创造性思维的形成。所以，适当地培养自己的兴趣爱好，能够成就自己的未来。

怎样培养兴趣？首先，需要的是你要对某件积极的事情保持较强的好奇心，并且愿意用自己的实际行动来接触它。连好奇心都没有，那么兴趣就更谈不上了，好奇是兴趣的开端。其次，要让自己的爱好或者兴趣保持下去，要让自己不断地去接触、熟悉它，渐渐地让自己的兴趣成为生活中不可或缺的重要部分。如果仅仅是在想起来的时候才去做那不叫兴趣，真正的兴趣应该是融入自己的生活之中。除此之外，深入的研究也能够对培养我们的兴趣有所帮助，只有真正地去了解了，才能够有更全面的认识。正如不要惧怕困难，要有深入研究探索的勇气。

面包旅行的创始人彭韬曾经讲述过自己的创业历程，他曾经从事过旅游业，还从事过与电子有关的工作。大学时期出于兴趣爱好选修了计算机专业课程，后来业余闲暇时候就帮人编程。周围一起学习计算机专业的朋友也是同样，大都是出于兴趣爱好的选择。兴趣是你们最好的老师，只要你喜欢，你就可以做得很好。只有真正地去发现去寻找才能知道自己真正热爱的是什么，才能发现自己的爱好。

学业上亦是如此，学习是最好的兴趣。只有对学习感兴趣了，你的学习效率才会事半功倍。相反，如果对某一学科或者对学习都提不起兴趣，那么即使是花费再多的时间恐怕也是事倍功半。兴趣是最好的导师，学习上不可能存在着全才，你不可能对学校开设的所以学科感兴趣。但是，一旦有了自己感兴趣的学科，就一定要多学多看，通过学习兴趣获得学习乐趣，这样才是最好的学习方法。

如果你的学习成绩是在我们家长和老师的外在压力下取得的，那么这样的成绩即使是再好，也不会持续太久，因为学习上的竞争是很激烈的，处于被动局面的你们这个状态下的学习也是不快乐的，这样的你们也是谈不上快乐的，这也不是任何一个人希望看到的学习状态。如果你们因为外界重压被迫去求知这就剥夺了学习的快乐，苦学更容易让你们产生厌学情绪。

科学家早就通过科学研究表明：如果一个人对他现在所从事的活动有着浓厚的兴趣，那么，他在学习上的积极性就会大幅度提高，如果在这个时候进行学习或者工作就可以发挥其全部才能的 80% 以上；相反，如果一个人对他所从事的工作或者学习丝毫提不起任何的兴趣，那么，相对应地，他的积极性必然就会很低，才能也只能发挥 20% 左右。所以，找到学习中的乐趣之后再去学习，你就不会像现在这样不情愿、愁眉苦脸地学习了。

兴趣是你们最好的老师，只要你对某件事有着热爱，有着执着，就

会很容易产生浓厚的兴趣，这个时候你们的智力也会被得到最大限度的开放和提高。在学习上来说，对某一学科的浓厚兴趣能使你们的知识储备得以丰富，眼界得到开阔，对待生活的态度更是会充满热情。所以，兴趣是你最好的老师。有时候，兴趣甚至不仅仅只是你最好的老师，也是非常宝贵的资源，正是因为有了兴趣和爱好，学习才能够产生内在的动力，让你们能够走向成功。

拥有一技之长，方能立足社会

任何人都要有一技之长，也就是专长，只有那些拥有一技之长的人，才能够在社会上立足。如今高等教育开始逐渐地普及，但是大学生毕业即失业的现象却越来越成为常态。甚至有很多的本科生、硕士生在毕业之后选择重新回学校就读，回职业学校学习一技之长。竞争残酷的就业现实面前，拥有一技之长的重要性日益凸显。

当然，学生的专业素质不强，无法与社会发展现状相匹配是出现的最大问题。多年的学校教育下来，重理论轻实践的教育理念并不能为我们的社会培养多少实用型的人才。于是，很多学生在毕业离开学校回首的时候，却恍然发现自己似乎并没有什么一技之长，更缺乏立足社会的根本。那些拥有一技之长的人在进入社会之后方能立足于社会。

当然，随着精英教育模式向普通教育的转变，我们的社会现状也与以前大不相同。如今的高学历已经不再是成功的绝对保证，相反，学历不太高却拥有一技之长的人更容易快速立足于社会，闯出属于自己的天空。曾经有一项调查研究数据表明，目前我国多数企业都更倾向于雇佣那些有着专业技术的人才，这个比例大约会占到百分之六十几。而薪资调查水平也表明，技术所带来的薪资红利要远远高于学历带来的，并且高技术人才更能够受到公司和企业的赏识，职业发展要更有利。

　　那么，什么样的技能才能称得上是一技之长呢？一般来讲，那些比较实实在在的小范围内不会被替代的能力或者技术都可以被称为一技之长。当然，有些一技之长的学习成本确实是很高，比如说医生，一般要经过多年医学专业的系统学习才行，计算机软件和程序的研发、外国语言的学习等都属于高成本技术的范围，这些行业往往适合那些经过专业学习的人才，并不会适合所有人都去学习。

　　但是，换个角度来看，并不是所有的一技之长都隶属于高精尖行业。高精尖行业是一技之长，但是普通行业掌握的好了也能被称得上是一技之长。不要小瞧任何一个普通的岗位，因为很多普通的职业也是需要专门技术的，比如说烹饪、理发等手艺活。只要是人，都要吃饱肚子，厨师这个行业就是必不可少的。只不过有些厨师可能会选择到五星级酒店去掌勺，而有些人却又选择靠经营路边摊谋生。但是，不论是在哪里当厨师，他们都照样能够靠自己的能力在这个竞争激烈的社会中立足。

　　曾经有一则故事简单直白地充分说明了掌握技术的重要性。有一位普通的母亲，因为唯一的女儿定居了美国，所以，早已步入中年的她也想要移民美国，于是她就到美国的移民局去申请绿卡。但是，周围的人却告诉她，你要做好漫长等待的准备，因为他们中的大多数都已经申请了很多年。她却自信满满地告诉这些人，自己只需要几个月就可以了。果然，不到三个月，她就成功地申请到了绿卡。周围的人很好奇，就询问她："明明你比我年龄还要大，财产也不如我多，语言交流程度也不如我，甚至申请的时间都比我晚，移民局为什么偏偏这么快就让你通过了呢？"

　　这位母亲笑眯眯地为大家解开了疑惑，她说因为我申报时填写了自己的"技术特长"。众人仍是不解，最终才知道她的技术特长原来就是我们传统的剪纸艺术，这个结果实在是出乎大家的意料。原来，移民官在看了她的申请表之后，有询问过她这项特长，这位母亲更是现场给移民官展示了自己的剪纸手艺。栩栩如生的动物让移民官们大吃一惊，她的申请自然更是顺利通过。你看，这就是一技之长！它能在关键时刻发挥出重要的作用。

可以肯定的是，技术的重要性短期内是不会有什么改变的，姑且不论拥有一技之长后能够对国家作出多大的贡献，你只需要仔细观察一下自己的身边，那些有一技特长的人是不是生活得都很快乐。为什么会快乐？因为但凡是那些能够对某些技能十分精通的人，也一定能从中获得乐趣。孔子都曾经说做人要"依于仁，游于艺"。当然，你要明白的是，孔子所说的艺并不是我们惯常所理解的艺术，而是技术、技艺。

从侧面来看，只有技术和特长才能让你在自己的工作中赢得别人的尊重，要想在如今这个竞争激烈的社会中取胜，就要有看家本领。要不然，人家老板凭什么给你加薪，凭什么给你升职？职场中没有一技之长的人只能永远地平庸下去，毫无疑问，平庸的人是在竞争中不占据优势，因为他们的可替代性太强。

人贵有一技之长，以自己的兴趣和爱好为基础，通过自己长期的坚持和努力并逐步发展成为自己的特长，这当然是每个个体都希望看到的积极现象。不具备一技之长的人，是最容易被职场和社会淘汰出局的人。不管你从事的是哪个行业，你只要有了一技之长，最起码你就解决了自己的温饱问题。如果你掌握的一技之长又恰好是这个社会所欠缺的，那么恭喜你，你无疑就成了社会竞争的佼佼者，因为你被代替的可能性比较小。

你可以不会高深的金融业，也可以不懂要求经验较多的管理业，你可以不擅长文学，你也可以不精通任何一门外语，甚至于你可以对新兴

的电子行业和互联网的认知一片空白，甚至于你也不会什么烹饪和修理。但是，你不能什么都不会，你必须要有能够拿得出手的一技之长！这一技之长不用多么的复杂和高深，只要你能够胜任你的工作，你就能在激烈的社会竞争中立足。

第四章 其实，你在我们心中是最棒的

"别人家的孩子"其实不是最好的

如今活跃在各大论坛的年轻网友经常吐槽："从小到大我就总有那么个劲敌存在，他的名字就叫'别人家的孩子'！这个'别人家的孩子'从来不上网聊天，不爱玩游戏，不爱出门逛街，他每天都在心无旁骛地学习；就连长相也比自己好看，最重要的是这个'别人家的孩子'无论什么时候都会听父母的话，你能想到的所有优点他都有，他的优秀存在就是为了衬托我的失败，囧。"此话一出，更是引起众多年轻网友的共鸣，"别人家的孩子"几乎成为你们这代年轻人的公敌。

"你看看隔壁家的×××，学习多么自觉啊！""我一同事家的孩子人家多么努力学习，不用父母操心就考上市里重点中学，考上重点大学，你再看看你怎么就没人家这么争气，真不省心！"是不是经常听到这样的话？说实话，几乎每一代的孩子都是听着父母这样的唠叨长大的，我们其实也不例外。然而，其实在我们父母的心底"别人家的孩子"并没有我们描述的和你们想象的那么好。一直以来，不管怎么样，你才是我们永远的骄傲。

曾经有年轻人开玩笑说过："每位父母的心里都住着一位别人家的孩子。"此话着实不假，但是，这句话也从侧面说明了天下的父母都是一样的，总是喜欢拿着别人家的孩子来跟你们作对比，殊不知你也一直都是其他父母嘴里的"别人家的孩子"。那么，父母为什么总爱拿着

"别人家的孩子来说事"？别人家的孩子一定就比自家的孩子优秀吗？答案当然是否定的了，我国古语早就有云："母不嫌子丑，子不嫌母丑。"我们每位父母之所以愿意拿着"别人家的孩子"与自己孩子做对比，主要还是基于以下两个方面的原因。

第一，我们之所以总是在你面前提及你所谓的"别人家的孩子"，是身为父母的我们替你着急，我们希望你能够成才，希望能够为你树立一个学习榜样，能对你起到激励作用。试想一下，看到自己的孩子整天沉迷于游戏，不把主要的精力放在学习上，做父母的都会着急啊。我们这代人由于社会大背景和教育环境的原因，很多自己未能完成的心愿都会寄托于你们的身上。

第二，或许是受我们国家传统教育的影响，大多数的中国父母并不善于与孩子进行交流，不善于直接向孩子表达自己的真实想法，我们更倾向于通过谈及别人家孩子的优点，希望自家孩子能够以之为榜样。比如说，马上就要高考啦，我们当然希望能够通过别的孩子的成功来侧面激励你努力学习；你的同龄人都已经成家立业了，我们当然会着急，又不能替你结婚，最后只能举个别人家孩子的例子来提醒你。

我们父母做任何事情的出发点都是为了你们好，当然，可能我们的表达方式不是很恰当。但是，我们对你们的爱是真真切切的，天底下哪有不爱自己孩子的父母，去疼爱"别人家的孩子"呢？

等你们也当了父母，估计就可以理解我们现在的心态，不奢求你们"成龙"、"成凤"，但是终归是希望你们能够认认真真、本本分分做自己年龄段应该做的事情。正是因为我们对你抱着这样一种心态，才会用各种方式，甚至是在现实的基础上加上虚构联想，虚拟出这么一个我们口中的"别人家的孩子"。但是，其实这个"别人家的孩子"正是我们内心希望你成为的模样，所以我们才会反复地对你唠叨，但是目的不也是

希望你能够潜移默化中成为那个"别人家的孩子"吗？

孩子，希望你能够理解我们的一片良苦用心，我们也只是单纯地相信了榜样的力量，单纯地相信了见贤思齐的典故，却又同时忽略了你们内心最真实的想法。其实，我们跟你们一样也是很怕听到"别人家的孩子"。可以换位思考一下，要是你以父母的身份去学校里开家长会，听到老师总是提起"别的孩子"，而自己的孩子却只字不提，那你是不是也会着急上火呢？

大多数的中国父母其实对自己的教育方法是缺乏自信的，我们更不能寄托所有的希望于现有的社会教育体制。之所以相当一部分家长选择拿周围别人家的孩子来塑造自己的孩子，也正是因为这种"借力心理"的出现，才会引起你们的反感。我们只是担心你们一旦不优秀，将来就无法立足于整个竞争激烈的社会，这种恐慌也就直接导致了依靠"别人家的孩子"来鞭策你们进步，但是我们的出发点其实是为你们好，也希望你们能够予以谅解。

每一位父母的眼里、心里都有着你们想不到的真实鲜活的自家孩子，哪怕是这个自家孩子有些调皮、有些懒惰，但却真的是我们眼中那个独一无二的宝贝。"别人家的孩子"再好也是别人家的，再优秀的孩子也比不上自家孩子，因为只有自己家孩子才会牵挂着我们这些父母无尽的爱。"别人家的孩子"其实不是最好的，你们才是最棒的！

你是我们心中最棒的孩子

　　有人说，父母和孩子像是一对冤家。而我们却认为，孩子注定是父母上辈子的债主。或许在孩子的眼中，父母口中"别人家的孩子"在父母心中是最棒的，却不知那只是我们激励你们成长的一步棋，方法虽然有些欠缺，但是在我们心中始终坚信自己的孩子才是最优秀的。尽管你们的思想随着你们年龄的增长而逐渐成熟，你们开始学会与父母对抗，但是，不管怎样，你依然是我们心中最棒的孩子。

　　或许你会觉得我们的赞扬是那么的吝啬，殊不知我们因为赞扬的尺度大小也会苦闷，心灵尚未成熟的你们会不会因为赞扬变得骄傲。相反，我们更愿意用赏识的眼光在背后凝视你们，我们坚信这种鼓励和支持的目光同样也能发挥积极的作用。世界上真正的爱不是用嘴巴说出来，而是用行动表达出来的。我们不会在你们面前夸赞你们，并不代表我们不看好你们。你们或许不知道，在别的父母口中你也是那"人家的孩子"，也因为别人父母的赞不绝口而被别的孩子羡慕着。你们总觉得自己的父母在教育问题上很失败，可是失败在哪里呢？难道仅仅是因为自己的父母不善于情感表达，不善于用言辞来鼓励你们吗？

　　事实上并不是这样的，我们中国的父母从来不会认为自己的孩子比别人差。我们总是坚信，哪怕天下所有的人都不看好自己的孩子，自己的孩子也依然是最棒的。不管你表现怎样，我们都会在背后一直支持你，

只因你是我们心中最棒的孩子。有些孩子可能认为父母比起自己更喜欢自己的成功和成就，你们学习成绩好了或者工作出色了，父母就会喜上眉梢到处炫耀。可是你们看不见的是，当你熬夜奋战时依然在客厅守候你的是劳累了一天的父母；当你生病痛苦时，在你身边跑前跑后恨不得替你去痛的也是你的父母。没有不爱自己孩子的父母。你们的成功与成就只是更加印证和坚定了父母心中最棒的人是你的事实，所以他们才会那么的看重你们的努力和成功。

每一个孩子都是上帝送给父母的最宝贵的财富，也是父母的无价之宝，我们尽自己最大的努力去呵护。你们成长中的每一个进步都被我们看在眼里，你们生活中的每一步都有我们的陪伴和支持。小时候的你们，牙牙学语时蹦出的一个简单词语在我们耳中都是动听的；你们蹒跚学步时，勇敢的向前迈出的一小步，都让年迈的我们记忆犹新。当你们长大了，我们的记忆力开始减退，但是我们依然能够向你们讲述你们成长中的每一个小细节。你们的喜怒哀乐在我们眼中都是那么的美好，你们是我们父母心中永远的爱，也永远是最棒的。

你们长大了，可是在我们眼中你依然是那个长不大的孩子，即使有一天你们也会为人父母，你也依然是那个让我们挂念担心的孩子。父母总是很单纯地相信自己家的孩子，自己家的孩子能够学习成绩优异，那是因为自家的孩子足够聪明；自己家的孩子调皮贪玩，那是因为你们向来活泼；即使是你们犯了错误，我们也觉得那只是你们不懂事。

孩子都是自家的好，相信每位家长都有足够的勇气和底气说出这样的话。哪怕自己的孩子不是什么天才名人，也会觉得自己的孩子足够好。这是因为父母是这个世界上最了解自家孩子的人，能够充分地认识到自家孩子身上的优点。所以我们父母才会觉得自家的孩子才是最好，自家的孩子也永远是自己的骄傲。

　　如果你们在重要考试中成绩不够理想，甚至于名落孙山，我相信更多的父母不是责骂，而是平时不多见的支持与鼓励。人生路上难免会有失败，不论怎么样，在我们父母的心中，你依然是最棒的。

　　一辈子说长不长，说短不短。父母并不能够陪你一辈子，我们唯一能够做到的是在我们还能陪在你们身边的时候，给予你们最坚定的支持和鼓励。我想，天下父母的要求并不高，只要孩子能够健康、快乐、平安，就足够了。亲爱的孩子，我们很高兴能够看到你在不断地成长，这些年来，你带给我们的无论是幸福和快乐，还是牵挂、忧愁，对我们来说为你们付出都是甜蜜的。无论何时，你依然是我们眼中最棒的孩子，我们始终相信你能够做到最好。

没有谁比我们更爱你

著名作家余秋雨曾经在他的文章中这样说过："爱永远是下倾的"。是的，孩子，父母对你们的爱是世界上最慷慨无私的，也是最毫无保留的，身为父母，我们从来不会去考虑自己付出的这份爱是否在将来能够得到什么回报，因为但凡计较回报的爱就不能称之为纯粹的爱。

没有谁比我们更爱你，或许这种爱是出于人的本性中爱的因子。我们不管多么困难都会任劳任怨地养育自己的孩子长大成人，即使是将来你们成家立业有了自己的宝贝，我们也愿意为你们照顾孩子，只是希望你们能够安心工作，减轻你们的负担。同时我们也相信，你们也深深地爱着我们，这种爱的延绵不绝源自于我们彼此的血液中流淌着的亲情。

民间有这么一则小故事：一位上了年纪的老母亲，年长多病逐渐丧失了自己的行动能力。这位老母亲只有一个儿子，辛辛苦苦养育儿子多年，本该是儿子尽孝道的时候，她的儿子却嫌弃自己的母亲是生活的累赘。最终在一个深夜，这个儿子抛弃了自己的母亲。

由于怕周围人的指责，他偷偷用背篓将母亲背进了深山老林之中，然后独自离开任老母亲在杂草丛生的树林里自生自灭。但是他自己都没想到的是由于对自己做的事情太过于心虚再加之天色已晚，山路不好找，这个不孝子惊恐地发现自己早已找不到回去的路。正当他处于绝望之时，已经被他抛弃在一边的母亲却对他说：儿啊，莫怕，我在来的路上早已经做好了标记，你只要沿着我做的那些记号往前走就能找到回家的路了。

　　或许这只是个传说，但这丝毫不会影响我们对父母亲情的理解和感动。有时身为父母的我们可能会口不择言对你们说"我们所做的这一切难道不都是为了你好"，此时，希望你能够谅解，因为我们不会去计较自己的付出是多还是少。但是我们最不愿意听到的一句话却是每次跟你交谈却是以一句"你们怎么这么烦啊"作为结局。

　　孩子，如果你在拼命加班工作的时候接到我们的电话，请你不要对我们不耐烦，那只是因为我们担心你的身体会吃不消；如果你在早上赖床时被我们叫醒，请你不要烦躁，那可能只是因为我们希望你能够在上班之前吃上一顿早餐；如果有一天我们催着你结婚生孩子，请你不要嫌我们烦，因为我们也只是希望你能够早日安定，这样我们才能够安心；如果你在某一天突然接收到我们拼写的有错误的短信，请你耐心地看完，因为这里边满满都是我们对你的爱。

　　还记得过年时候那则感动许多国人的新闻吗？春节假期结束后的女儿因为要赶火车回城，却没想到出行那天刚好赶上家中下大雪。为了自己女儿能够顺利地赶上火车，女孩的父母背着孩子从家门口出发，一人拿着扫帚，一人扛着铁锨，硬是扫雪几十里路，只是为了让女儿能够顺利地搭上回程的火车。这是身为父母的我们对你们痴痴的爱！为了子女，我们父母愿意付出的比你们想象的多得多。

　　你们中的很多人可能会有太多的牢骚和抱怨，抱怨自己无法感受到父母对你的爱，更有人觉得我们父母口中所谓的爱对你们来说只是一种压力和负担。是的，我们爱你，但是这种爱并不等同于溺爱。我们之所以会对你严格要求，是因为我们不希望你在家中成为"小皇帝"，我们更愿意让你懂得自律和自立，摒弃那种所谓的自我良好感觉；也正是因

为爱你，我们才不会轻易就满足你的各种无理要求，更不会在金钱上放任你的挥霍，因为我们更愿意让你养成勤俭节约的良好生活习惯。

我们历尽千辛万苦把你们养大，竭尽全力让你们接受现阶段最好的教育，正是出于我们内心的那份爱。我们不指望你们一定要回报，只希望你们健健康康、顺顺利利。而你们对我们的理解也是对我们最大的慰藉。亲子之间的爱是不需要回报的，但是，如果你能够把我们的生日记住；如果你能够在我们面前毫无顾忌地撒娇；如果你们能够给爱你的我们一个拥抱；如果你能够从心底也爱我们，那么这份爱就值了，我们的付出也圆满了！

中国的父母总是习惯于将自己的爱深深地隐藏在心中，我们不会向西方人那样直接开放地表达自己的爱。但是，言语上的不足往往都会用行动来弥补，你可以仔细观察一下自己的父母，生活中的点点滴滴都包含着我们对你们的爱。爱需要表现出来，但我们更注重于行动上的爱，然而却忽视了最为直接的言语表达。

任何一种形式的爱都是无形的，但是却又是可以被感知的，父母对你们的爱是无法用金钱或者其他任何的物质形式去衡量的。你可以不用背负着我们对你的爱前行，也不要去担心这份爱何时会终结，因为我们是你的父母，这也就注定了这份爱的永恒。亲爱的孩子，你只需要知道，没有谁比我们更爱你！原因无他，父母天性也！亲爱的孩子，这个世界再大再广阔，也要记得回家，没有哪里会比你的家更温暖，没有谁会比你的父母更爱你。

批评不是对你的否定

坦白讲，当你被别人批评的时候千万不要急着去反驳，被别人批评并不完全是别人对你的否定，而是希望你能够有提高自我的机会。你可以去愤怒，但这仅仅说明你的心眼太小；但是，如果你欣然接受了这份批评，反而会显得你的气量够大。

你总是埋怨我们身为父母的不会鼓励你，对你的教育除了批评就是指责。可是，亲爱的孩子，我们是你的亲人，我们的批评并不等同于对你的否定，我们仅仅只是想通过批评来激励你更好地前进，希望你能够把批评当作自己成功路上的鞭策。同时，你要明白父母对你的批评仅仅是针对你的不良行为作出的否定性评价，而非故意针对你。我们批评你的目的是希望你能够改正自己身上所存在的那些缺点和错误，养成更好的行为习惯或者思想品德。

然而每当我们对你们提出一丁点儿批评时，你们的反应总是那么的激烈，哪怕这些批评是正确的，你们也不愿意去接受。你们总喜欢冲着关心你们的父母嚷嚷："什么都不懂，不要管我！"你们知道听到这些话之后我们有多么的伤心，我们批评你是为了能够更好地肯定你，而不是为了否定你。或许有些时候我们对你批评的火候掌握得不是特别好，因为曾经有教育学家认为家长对孩子的批评教育应该把握好适当的尺

度，否则效果将会适得其反。但是，孩子，我们中的大部分父母都不是教育学家，我们无法理解这个尺度到底应该怎样掌握，我们只有尽自己最大的努力在无数次的尝试下做着批评教育工作。

有些时候，是我们错怪了你，也的确是应该向你们道歉，任何缺乏必要根据的判断都是不理智的。所以，你们在这种情况下产生的对抗和不满是可以理解的，归根究底是因为我们太害怕你走上弯路或思想认识出现偏差，但是请你相信这个时候的我们绝对对你不存在什么消极的否定。

或许我们在批评你的时候，不太考虑你的感受，总是喜欢把你身上所有的坏毛病和之前做过的错事翻出来说。但是我们也仅仅只是因为"恨铁不成钢"心理在作怪，我们也是希望你好，希望你能够做得更好。

我们所做的任何批评都是针对事情本身而非你们本人，这一点希望你们能够知道。所有的批评只是希望你能够认识到自己的问题并能够好好改正。我们希望你能够心悦诚服地接受对你的批评建议，因为我们批评的本意不是对你的否定，而是对你的期望。

曾经的我们包括偶尔的现在，也同如今的你们一样，讨厌那些指责和批评自己的人，即使这些人是自己的亲人和好友。少不更事的自己面对父母对自己的批评时，也会个性鲜明地反驳道"你们懂什么"，除此之外也会觉得内心无比的委屈和挫败。直到我们开始为人父母，我们也逐渐明白了：批评你的人并不就是否定了全部的你。

当你走上工作岗位之后，你可能会接受除了父母之外来自领导和同事的批评和指责。你的领导可能会经常对你说"你就不能聪明一些""你做这些还不如不做"。那个时候的批评远比现在我们对你的批评要严厉，可是你却在面对这样的上司时别无选择，你会觉得自己尽心尽力却依然得不到领导的认可，但是你却也只能默默地选择接受这些批评。

职场上的生存法则告诉我们，顶撞上司是一大忌讳。上司对你的批评与我们父母对你的批评是截然不同的，我们更多的是否定你做的事情，而你的上司却很有可能通过批评你做的工作进而否定了你这个人的能力。当你面对外界的质疑时，你可能会有几种选择：一种就是认可这种批评，觉得自己本来就是这样的人，受伤的也只是自己；一种是马上反击对方的言论，不会把别人说的任何话放在心上；还有一种就是辩证地去选择接受，有则改之无则加勉。

很明显，我们都能看出最后一种选择才是最恰当的，因为你会把别人批评中的正确部分抽离出来进行改正，把对方的批评当作自己前进的动力。所以孩子，我们希望你在面对父母或者其他人的批评时，也能够做到第三种，因为我们的批评并不是对你本人的否定。我们有时候在外面工作一整天，也会受到领导的批评，回家之后难免也会心情不好。而这种时候，如果你们做错了事情，难免对你们的批评会有些过头。所以，请你们也要谅解。不是说这样的批评是多么的讲道理，而是希望你们也能换位思考一下。

有的时候，作为父母的我们可能会欠考虑，批评你的时机和场所掌握得不大好。我们父母可能会忘记你们正处于心理的敏感时期，有时候我们确实也不能总是站在你们的角度来看待问题。你们还是孩子，理应接受不了成人似的批评，我们确实应该注意自己在批评教育你们的时候方法的运用。

客观地认识自己，当有人批评自己时，不管批评你的人是谁，首先想一下：他的批评是事实吗？尼采也曾经说过："那些所有不能把我杀

死的东西，都将让我变得更强大。"我们希望对你的那些批评能够使你
成长，能够让你拥有足够的力量去面对那些让你沮丧的事情。但是要记
住，我们的批评，绝对不是对你的否定。

失败了，有父母支持你

在教育学和心理学上有着"孔雀心态"这样一个专业术语，这个词语描述的是那些喜欢争强好胜，凡事必须拿第一的孩子。虽然说喜欢争强好胜未必不是一件好事，但是除此之外我们还应该看出来这些要强的孩子还有一个共同特点，那就是他们容不得自己比别人差，容不得别人比自己强。同样，有着"孔雀心态"的孩子一旦遭遇失败，很可能就会一蹶不振。

我们每个人都或多或少地渴望成功，但是成功却不会让每个人都能得偿所愿。从象牙塔里走出来的你们，在面对机遇和挑战的时候，由于人生经验的缺乏，就很有可能会导致失败。但是无论如何都要记住：不要害怕失败，即使是失败了，我们这些做父母的也永远站在你们的身后默默地支持你。

对于每个人来说，失败乃成功之母，永远不要去惧怕失败。几十年前的美国，有一个名叫卡尔的年轻人，他家以经营杂货为生，却无奈自己家的生意一直不是很好。于是脑筋灵活的卡尔说动自己的父母转换方式来经营。由于杂货店所处地段尚且不错，再加上得益于附近几所大学的存在，很多的年轻大学生很喜欢到他们这一带活动。彼时恰逢美国比萨饼风行之初，他们家便把杂货店成功经营成深受年轻人喜爱的比萨饼快餐店。顾客爆满的好生意并没有让卡尔满足，野心巨大的他很快就开

始筹划在其他州的大学附近开设很多家的分店。

然而，令他万万没想到的是，其他的分店不仅没有取得巨大盈利，反而亏损非常严重，甚至影响到了整体生意的盈利。为什么同样的消费人群，结果却是截然相反？卡尔百思不得其解，后来经过他的调查才发现，因为地域影响，很多年轻人在饮食与兴趣上存在着巨大差异，他的比萨饼由于不符合当地口味所以才不被当地人所接受。

经历了挫折之后的卡尔并没有选择放弃，在父母的支持下，他又重整旗鼓，最终在美国餐饮业获得巨大成功。后来，在面对记者的采访时，卡尔曾经这样总结：我每到一个新城市去开新店，不用猜想十之八九肯定是以失败作为收局。但是我之所以还会成功那是因为失败之后的我从来没有想过要去放弃，而是积极思考失败的原因，努力想办法解决。

亲爱的孩子，之所以举出这么一个例子，是因为我们想要你如卡尔一样，这个故事告诉我们当你不确定自己什么时候才能取得成功的时候，你必须首先要学会失败。失败也是我们人生中的一笔宝贵财富，失败的滋味只有自己经历才能体会出其中心酸。当你不确定哪一扇门才会通向成功之路时，你能做的只有不停地去敲门，找到真正的成功之门。所以，我们希望你勇敢地去接受各种各样的挑战，但是，请你千万不要惧怕失败，因为即使你在尝试之后收获的仅仅是失败，我们也会在你的背后默默地支持你、鼓励你。

为了上学，我们知道你每天起早贪黑，学业优秀并不是一件简单轻松的事情。但是，你却又不得不努力学习，因为知识的增长是我们不能代替的，我们只能尽量减轻你的压力。即使是你考得不好，我们也不会对你过多地苛责。但是我们更希望你能够进行自我反思，做到"吃一堑，长一智"，这样才会离成功更近。

　　毋庸置疑，那些出色的孩子总是能够用自己完美优异的成功为他们的父母增光添彩，更是能够赢得周围无数人羡慕的眼光和掌声；而失败的孩子虽然可能会让父母失望与伤心，但是这种沮丧的心情却只是暂时的，父母更多的是想给予你背后的支持和鼓励。我们的人生道路千条万条，这些失败与挫折，仅仅只是像石头一样堵住了其中的几条路，除了这几条，还有那么多条的路等着你们去丈量。当你们踏上新的道路之时，或许不会得到他人的掌声和欣赏，却永远带着我们的鼓励和支持。孩子，失败了，你依然是父母的骄傲！

　　你们的人生需要成功，也需要失败，没有经历过失败的成功不能说是完整的成功。如果说成功可以建立起你们的自信心，那么失败则能够锻炼你们的心理承受能力和面对失败时的自我反省能力。凡是那些跌倒过的地方，往往也会给我们留下深刻的印象。

　　出去挑战吧，就像高尔基笔下的海燕那样勇敢地与暴风雨搏击。我们愿意在你困难的时候做你最坚强的后盾；我们愿意在你迷茫的时候成为你的指明灯；我们更愿意在你疲惫不堪的时候成为你躲避风雨的温暖港湾；我们也会在你最需要的时候及时出现。

　　未来的路不管你们走了多远，心有多累，你们都会有我们的支持。虽然或许我们不能帮你解决你遇到的实际问题，但我们会尽自己所能去帮助你、支持你。你所经历的这些失败往往是成功到来的前奏，平常心对待，总会有一天你能够与成功握手，人生路上没有什么过不去的坎，最大的挫折是你自己在失败面前认输、自暴自弃。所以当我们在你失败后微笑着鼓励你："没什么大不了，我相信你能行"的时候，请你相信失败是不可避免的，人人都要经历失败，更要明白勇敢的人会懂得从自己的失败中学习经验，从自己的失败中吸取教训，失败有自己存在的独特价值，只有从失败中重新站起来，才能够一步步迈向成功。

孩子，如果有一天你成功了，请相信我们会比你还要高兴；如果你失败了，我们肯定会比你还要难过。如果你成功了，请相信这是你自己努力的结果；然而，如果你失败了，我们希望你不要气馁，记住多往背后看几眼，因为我们就在你的背后，永远支持着你。失败了，不要怕，有父母支持着你！

第五章　请让我们走进你的世界

你进入了青春叛逆期

有一天我们突然发现，曾经乖巧的你突然像是完全变成另一个人，不仅不听话反而行为叛逆；这个时候的你比较狂躁很难将父母的话真正放在心上，你们开始不愿意听爸妈讲话，觉得自己的爸妈很烦；你们甚至觉得自己在生活中有着各种的不顺，心情也是起伏不定、波动异常，你们在生气的时候甚至会摔东西，更有甚者去选择打架斗殴这种偏激的方式来发泄内心的不满。孩子，父母知道这是因为你到了自己人生中的青春叛逆期。我叫你向东，你偏偏选择向西；我叫你做这个，你却非要去干那个，青春叛逆期的你们永远总是那么的特立独行。

当然，有人说所有叛逆的行为在青春期都是司空见惯的，即使是父母完全不能理解你们的所作所为，但是我们仍然希望能够陪伴你一起迈过青春叛逆期这道重要的坎儿。或许你从内心深处觉得我们不能够完全理解你，甚至连你们自己也说不清内心烦躁的真正的原因。但我们依然希望进入青春叛逆期的你，能够允许我们走进你的世界。

青春期的叛逆心理之所以产生，可能有这两个方面的原因：第一，就是这个时候的你们身体开始发生比较显著的变化，心理也是随着身体的变化开始出现了一定的波动性。青春期第二性征的出现在某种程度上会刺激你们，你们对自己身体的变化不知所措、毫无心理准备，面对突如其来的身体变化，心理上难免会出现浮躁和对抗的心态。第二，青春期的心理最显著的表现是自我独立意识的增强，成年人的意识与青春期的幼稚产生了激烈碰撞，于是，青春期的叛逆和对抗开始了。

十几岁的年龄是青春期的早期，这个时候的你们正处于心理上的过渡期。你们的独立意识开始逐渐增强，自我意识也是逐渐苏醒。所以这个时候的你们，也被称为"困难时期"、"青春狂躁期"。这个时候的你们对我们来说，其实也是很头痛的，因为你们实在是太难管。青春期的你们迫切地希望摆脱父母的看护，你们不愿意我们仍然把你当作一个孩子，你们觉得自己已经长大了。

为了想要引起外界的注意，你们开始对很多事情持批判的态度。或许也是因为担心外界忽视了自己的独立性，叛逆心理开始慢慢滋生。你们开始用各种手段、各种方式引起父母或者社会的注意。当然，严格来讲，青春期的叛逆心理并不能说是非健康的心理，充其量也只能是一种青春期反常心理。那么，你们究竟为什么会有叛逆心理呢？

青春叛逆期的你们，总是觉得自己多年所受的学校教育和家庭教育阻碍了你们个性的展现，而这也是叛逆心理之所以会产生的根源。你们更愿意通过表现自己的个性和追求时尚潮流来满足自己亟待释放的自我意识。加上青春期正处于学业关键期，来自于学习上和父母的压力也助长了你们内心的烦躁。

青春叛逆期的你们更愿意用抵抗情绪来表达自己的不满，你们有逆反心理是很正常的。父母难免会有批评和指责，你们却总是觉得这是故意与自己过不去，认为这是对自己的伤害。我们不可否认，叛逆行为的出现，与某些时候简单粗暴的教育方式有关。这种教育方式可能不止来自家庭，同时也可能会来自老师。身为与你们接触最多的人，却不能全面地了解你，有时候对你们的关注也不够。对待你们的错误，由于我们的处理方式不能被你们所接受，这也就使得矛盾冲突激化。

　　我们希望进入青春期的你们，能够通过自我的调整来安稳度过叛逆期。父母和老师只能对叛逆期的你们进行引导，而真正的内化需要你们通过行动来调整。那么，具体应该怎样来调整自己才能顺利度过叛逆期呢？

　　首先，希望你们能够适当地听父母和老师的话，不要盲目地采取一些报复的手段。比如说，我们希望你能够努力学习，这是无可指摘的，但是叛逆期的你们有时候却会盲目对抗，用故意不学习来惹我们生气。我们希望你们能够提高自己的全面辨识能力，青春叛逆期的好奇心确实很强。你们对自己不熟悉的东西保持旺盛的好奇心是可以理解的，但是那些标新立异的时尚却不一定全都是正确的。

　　其次，希望你们能够多与自己的父母和老师交流，让我们走进你的世界，清清楚楚地明白你们的想法。当你觉得我们的某些做法过于偏激时，希望你们勇敢地表达出自己的意见，而不是自己闷在心里。父母和孩子都应该抽出一定的时间和精力来加强相互之间的理解，沟通和交流才是解决问题的根本途径。盲目的指责，只会让叛逆期的你们更加叛逆。

　　最后，希望你们能够随时调整自己的心理。当烦躁和郁闷涌上心头时，要让自己冷静下来，不要让冲动和叛逆战胜理智。你们渴望被外界关注的心理是健康的，但是某些行为方式却是不正确的。比如说，你们希望更多地受到异性的关注，你觉得那些品学兼优、全面发展、出类拔萃的自己更能被异性所吸引，还是说调皮捣蛋、惹老师同学生气的同学更有魅力呢？答案当然是前者，这是毫无疑问的，可是你们中的有些人却错误地采取了与后者类似的方式，自然只会弄巧成拙。

　　我们每个人都会长大，每个人都会在进入青春期之后开始逐渐有了自己的想法。在你们年幼时，会把自己的父母当成是无所不能的"超人"，但是当你们长大了，却突然发现原来父母也会犯错误，于是你们开始挑战父母的绝对权威，你们开始进入青春期里最叛逆、最躁动也是最不安的时间段。不要排斥、不要恐惧，无论哪个年代的青春总是有些叛逆的。

父母不是你的"敌人"

不知道从什么时候起，我们之间再也无法正常地沟通。甚至是很多看似再正常不过的谈话，也能给家里带来一场狂风暴雨。不经意间，你们在面对我们的时候，开始逐渐地用大声的理论来代替好好讲道理，曾经好脾气的你们甚至学会冲着自己的父母发脾气、摔东西，完全把自己的父母当成了"敌人"。

你常常跟别人抱怨自己的父母："不就是做错一件小事吗？我爸妈能够唠叨上三四天"、"不就是这次考得不好，我爸妈好像能把我给吃了"、"以后上大学一定要离家越远越好，要不还得被烦死"。在你们的眼里，父母扮演着与你们不共戴天的"敌人"角色，你们总是迫不及待地想要离开这个生活了十几年的家，原因很简单，仅仅只是因为自己觉得与父母势同水火。但是，亲爱的孩子，你要明白，我们不是你的"敌人"。

难道我们父母在你们的眼里就是如此的狠毒？也许父母平时对你们要求确实是很严格，也许我们之间确实总是会有一些小摩擦存在。但是，我们之间却始终有着血缘与亲情的纽带。父母应该是你的朋友，给予你鼓励和支持，而非你们所想的"敌人"。如果把我们当成你们的"敌人"，对疼爱你们的父母而言是真的很不公平。

你有没有想过，父母为了养家每天早出晚归，甚至是在外地奔波。我们在公司里要处理各种各样复杂的人际关系，我们要面对自己苛刻的上司；然而，回到家之后，本想着可以喝杯茶好好休息一下，却还是不得不照顾放学回家的你们。甚至有时候，当我们忙得焦头烂额的时候，却因为你们考试成绩的不理想或者是在学校不听老师的话，被你们学校的老师一个紧急电话召唤去聆听老师的教训。你要知道，这个时候的我们感受到的不仅是身体上的疲惫更有内心的极度失望。还是希望你明白，学生不好做，家长也不好做。

我们也曾经有过逃课不做作业的经历；我们也曾有过被老师批评、被父母批判的过往；我们也曾经跟自己的父母有过不可一世的争吵，这些我们都有过也都理解。虽然我们对你们确实是饱含着自己未曾完成的梦想的期待，但是我们也想跟你们做朋友。生活中的偏激并不是我们的全部，我们不是你的"敌人"。

当你们在下雨天的放学后，躲避在某个屋檐下不急不躁地等雨停的时候，你是否想过此时的父母可能早已经撑着伞在路口焦急地等待你的出现。当你们拿着考砸的成绩单，泪流满面地面对自己父母的时候，我们父母可能会失望，但我们更多的却是对你的鼓励和支持，然后背地里为你的未来规划着、担忧着。你可能会觉得，父母压给你的担子太重，但其实父母只是希望你能够将来生活得更好。你未来的成功其实不会带给父母多少直接利益，但是你成年之前的确会给我们带来不小的经济负担。

或许，你们觉得在被父母问到考试成绩怎么样的时候，能够骄傲地回答才会长舒一口气。你们高兴的是自己不需要面对考试失利后你们失望的眼神，其实这个时候我们父母也是从心底为你们高兴的。不可否认，这样我们就可以同样骄傲地对自己的朋友夸赞自己孩子的聪明，但更多的却是为你们高兴和骄傲。试想一下，哪有人会为"敌人"的成功感到骄傲的呢？也只有被视为"敌人"的自己的父母，无论何

时何地都会真心实意地为自己的孩子着想，因为父母从来不觉得自己会是你们的敌人。

没有无缘无故的爱，也没有无缘无故的恨。你们之所以会把自己的父母看成是"敌人"，多半还是对自己父母的误解。父母不够理解你，当然这也是很多父母没有意识到的，因为父母总是觉得自己的孩子还能不了解？同时，你们也总是误会父母对你们的关心和爱护，总是觉得自己的父母在强迫自己。基于父母和子女双方都有着这样或那样的错误想法，摩擦和矛盾就很容易产生。

特别是你们在进入青春叛逆期以后，看似平静的你们内心深处却有着一颗不安分的心。假若在这个时候，青春期的你们遇上了父母的更年期，那么，战争的火药味就会格外浓烈。任何或大或小的摩擦和矛盾都很容易在你们心中扎根，形成不会轻易逝去的误解和仇恨。有时候，即便是你不同意父母的态度和处理问题的做法，也希望你能够站在亲情的立场来尊重父母，尊重父母也能够帮助你们更好地认识自己。

你们总是希望整个世界都要以你们为中心，可是这明显是不现实的一种想法。青春叛逆期的你们总是太过执着于自我，然而，一旦出现了问题你们又把问题的原因归结到别人的身上，父母于是成了你们最常怪罪的对象，不得不说叛逆的你们总是缺乏一种自省意识。如果不能放平心态，很容易就会走向极端，甚至有些青春叛逆期的孩子会埋怨自己的父母为什么要让他来到这个世界上，一件芝麻大小的事情却能被你们无限地放大，更是会无端地去指责很多不相干的人。

你要记住，父母是这个世界上与你最亲近的人之一，自从你出生的那一天起，我们就把所有的心血全部用在你的身上。虽然说我们在教育你的过程中，可能不会做到你们希望的那样完美，但我们所做的一切都只是希望能够为你撑起头顶上的一片天，为了你们的健康成长，父母不仅不会是你们的"敌人",我们更愿意成为你们最好的朋友。我们愿意静下心来倾听你内心最真实的想法,也愿意尊重你越来越强的自主意识。我们愿意用自己的人格魅力来感化和影响你,同时也希望你能够尊重自己的父母,用理智来处理问题。

我们愿意尊重你的隐私

你们总是抱怨我们父母不懂得尊重你们的隐私，你们觉得自己已经是成年人了，万事都可以自己做主，也不需要向父母报备。是的，进入青春期之后，你们的独立意识达到前所未有的高度，你们的内心深处有了属于自己的小秘密，而这些秘密你们是不愿意告诉任何人的，你们只想把这些秘密锁在自己的心中，这就是你们的隐私。这些秘密你们是不愿意让朋友或者父母了解的，你们更愿意用笔记在自己的日记中，日记就成了你们储藏自己秘密的私有空间。我们尊重你们的隐私，你们也有自己不与外人道的权利。

父母尊重你们的隐私，虽然我们更愿意和你成为心灵上的朋友，但是完全没有隐私和秘密的两个人是不可能存在的，父母有着自己的独立空间，你们也是同样如此。那些不愿意和父母一起分享的秘密，每个人都有尊重的权利，我们不会对你们进行爱的偷窥。我们愿意尊重你们的隐私，也希望你们能够与自己的父母进行最基本的日常交流。你们不要封闭自己的心门，如果说父母无意之中侵犯了你们的隐私权，那是因为他们没有别的方法去了解你们。

青春期的你们对我们刻意躲避，不愿意和我们交流，每次问你什么问题你总是觉得不耐烦。觉得自己的父母总是问那么几个问题，你们选择性地无视了父母殷切的目光。每次父母关切地问你："今天去哪了？""最近学习怎么样？""最近学校生活怎么样？"你总是不屑于回答，父母的关怀碰在了铁板之上。这个时候的你是很难体会到父母心情的，我们想要了解你，而你却不愿意与我们进行过多的交流。于是，这个时候有些父母就耐不住自己的性子了，他们想要了解自己的孩子，只能通过看你们的日记或者其他隐私性的东西来了解你们的现状。

然而，大部分的父母却想象不出自己偷看孩子日记等这种行为会对孩子造成怎样的伤害，青春期的孩子永远与叛逆相伴，你们听不进任何的解释，一旦发现自己的隐私被侵犯，你们不会再与自己的父母主动沟通，反而会将自己的心门进一步关闭的严丝合缝。越是这样父母越是觉得奇怪，越是认为你们肯定瞒着我们在搞什么不正当的行为，比如早恋。没办法，父母开始绞尽脑汁想各种办法，原谅我们仅仅只是想要多认识和了解你。于是，有些父母开始试图从你的手机通讯录中寻找可疑的蛛丝马迹；有些父母开始从你上网入手。甚至有些父母会冒充陌生人加孩子好友，只是为了能够推开你那厚厚的心门，能够最大限度地了解你。

青春期时代很美好，你们有着对未来的美好憧憬。青春期受荷尔蒙的影响，你们自己会产生对爱情的无比渴望。然而，社会现实却不允许你们将这种爱意付诸于行动。你们将故事锁在自己的日记里，你们连朋友都不愿意去分享，更不要提自己的父母，父母要想了解这个时候的你们真的是一种奢望。我们尊重你们的隐私，但也希望你们能够给我们了解你的机会。要知道青春期的你们，生理和心理上还未完全成熟，你们缺乏独立的判断能力，这个时候父母应该替你们把好关。父母怕你们误入歧途，想要随时随地、最大限度地掌握你们的情况，这也就在不经意间触碰到了你们的隐私。

我们怕你们控制不住自己而卷入外部恶劣的环境之中，我们怕你交

友不慎，我们怕你在冲动之下因为早恋耽误了自己的学习，我们更怕你受坏人的教唆。于是，我们千方百计想要获得你的信息，身为你们的监护人，我们想要自己的孩子了解我们的良苦用心。当你们不愿意主动告诉父母的时候，我们只好借助各种各样的方法。所以说，如果某些手段不正大光明，那也是父母急切想要了解你们的过激表现。

试想一下，如果你们愿意主动跟父母沟通，愿意主动向自己的父母倾诉，我们肯定不会侵犯你所谓的隐私，因为已经完全没有这个必要。你将自己成长中的困惑告诉我们，我们和你一起想办法，一切都能够在温馨和谐的环境中进行，这确实是对亲子双方都有益的事情。年轻人的空间，我们哪能懂？我们只想保持一颗平常心来与你们交流，并不想过多地窥视你们的社交圈。相互之间多找几个彼此了解的途径，难道不好吗？

父母的这份心情恐怕如今的你们很难了解，如果想要真正地了解我们，还是要等你们也做了父母，你们就能体谅这份关爱。我们愿意尊重你们的隐私，尊重每个孩子的个性发展，我们也不愿意通过强制手段实现对你的过度监控。不要每次都把父母的关心看成敌意：爸妈在"打探"过问你的生活，当你们把这种错误观念去除之后，应该就能够用平常心来看待父母的任何形式的关心。如果你愿意，我们很乐意成为你社交中的好友，我们不会经常与你进行互动，但我们会默默地在背后关注你。我们不会过于干涉你的生活，但是也希望你们能够学会独自处理事情。

哪有父母愿意去"多管闲事"，大部分的父母巴不得自己能省点儿心，可是这样的洒脱却只能出现在你们完全具备成熟的生理和心理以后，青春期的你们显然是不具备这个条件。我相信父母都愿意和自己的孩子做朋友，因为朋友之间就能够相互了解，朋友就不存在着代沟。

　　任何一位父母也都愿意更加全面和立体地了解自己的孩子，我们也想知道真正的你们是什么样子，但是这种了解却无意于你们的隐私。秘密的偷窥不是父母的本意，父母只是想要了解你们，正确处理好亲子关系。让我们相互之间多了解、多互动，父母尊重你们的隐私，也请你们尊重自己父母，理解父母那颗关怀你们的心。

不快乐的你，是抑郁了吗

曾几何时，那份无忧无虑的笑容不再浮现在你的脸上；曾几何时，性格开朗活泼的你开始郁郁寡欢；曾几何时，不知烦恼是何物的你开始不快乐、不开心。每天放学回家之后的你开始习惯性地躲进自己的房间里，人为地在自己与父母之间竖起一道墙。你们开始对什么也提不起兴趣，就连父母也不知道你们在想什么，因为你们不愿意过多地与他人进行交流。孩子，不快乐的你是抑郁了吗？

曾经那个听话的你早已经不在，取而代之的是青春期叛逆的你。你们拒绝与自己的父母进行必要的沟通，却总是习惯于按自己的想法来与关心你们的人对立。曾经干净整洁的你开始乱扔东西、不整理自己的房间；曾经学习认真的你开始厌学，开始不完成作业；曾经那个开心快乐的你开始变得不快乐。

青春期的你们，似乎还无法理解抑郁的定义，甚至"抑郁"这个词在很多成年人的固有观念里也是模糊不清的，大人们总是过于偏执地认为你们应该总是无忧无虑的。你们中的很大一部分人不愿意向我们倾诉，更不愿意向他人发泄。然而，心中的抑郁一旦无法有效释放，负面情绪很容易就会累积，抑郁症作为"心灵的感冒"更是随时可能会找上门。不可否认，成年人尚且对抑郁引起的抑郁症缺乏有效的认识，更何况是你们。随着青春期的到来，你们开始告别没心没肺的童年时期，你们在心理上的独立意识开始占据主导。然而，现实往往和你们的期待有着太大的落差。

前一段时间热播的电视剧《中国式离婚》中有这样一句台词道出了大多数中国父母的教育理念："孩子上不了好的小学，就上不了好的中学；上不了好的中学，就上不了好的大学。上不了好的大学，他们的一辈子就完了"。如果是乍一听这些话未免过于偏激，但仔细想想却道出了大多数中国父母内心最真实的想法。于是，受整个社会和家庭的教育理念与教育方法的熏陶，作为学生的你们也开始受到很大的影响。更是由于教育理念上误差的存在，你们开始把学习成绩的好坏作为自己是否应该快乐的重要标准。

然而，仅仅只是把学习作为快乐与否的标准，并不是我们父母对你们的期待。我们希望你们能够用快乐来表达自己内心最真实的感受，而不是说仅仅只是把快乐等同于成绩。父母或许对你们有着自己的期待，但你们也应该对自己的未来有着明确的自我规划。学习仅仅是目前你们生活中的一部分内容，我们希望你们在学习的同时处理好自己的生活和情绪。我们不仅希望你能够在学习上努力，更希望你能够保持每天的快乐心情。我们希望你能够有自己的好朋友，更希望你能够自主地安排时间。显然，如果一个孩子，既能够处理好学习，又能够安排好生活，这样的孩子又怎么会不快乐呢？

我们经历过，或许是因为你们不愿意把自己的时间过多地耗费在学习这件事情上，也或许是因为你们觉得自己的肩上背负着我们过多的期望，更或许是因为你们没有可以倾诉烦恼的知心好友。于是，你们觉得自己不快乐，你们觉得父母应该为自己的不快乐买单。

可是，孩子，你所烦恼的其实都不是真正的难题。比如说学习，既然我们无法改变教育现状，那么你们可以尝试着最大程度地去享受一下

这个过程，结果并不是最主要的部分。如果你觉得我们父母对你的期望和压力太大，对你造成太大的困扰，那么，你完全可以告诉我们。我们并不希望自己的孩子因为生活或者学习就变得厌学、抑郁。我们宁愿要一个平凡快乐的你，也不想要你们在抑郁中获得的成功。

那么，如果你出现了不快乐的情绪时，应该怎样进行调整呢？首先，你应该将自己的负面情绪宣泄出来。负面情绪是我们身体中的垃圾，垃圾情绪的长期堆积务必会影响我们的身体健康，导致心理问题的出现。所以，你们一旦出现负面情绪时，自己要学会进行处理。你们有多个渠道可以来进行倾诉，我们每个父母也都愿意来倾听你们的内心。

其次，每个人都要学会最基本的放松方法，这样能够有效地应对我们的身体疲劳和精神疲劳。一旦觉得自己的压力过大，可以让节奏慢下来，进行适当的缓解。闲暇时候也可以多听听音乐，疏解自己的紧张情绪。更要学会运动解压法，运动是我们对抗抑郁的最好朋友，运动能够使我们心情愉快。

最后，请相信我们父母确实是最爱你的人。也希望你能够在抑郁时多跟我们交流，每位父母都是从你们这个年龄走过来的，我们的人生经验其实对你们来说并不是障碍而是宝贵的经验财富。往往现实也能够表明，父母其实才是最终能给你最大帮助的人。

我们希望快乐不仅能够成为你的心情，更是希望快乐能够成为你的性格。心情上的快乐或许会存在着起起伏伏的波动，但是性格上的快乐却往往比较稳定。最重要的是，拥有快乐性格的人在人际交流中更容易受到别人的欢迎，也更容易取得成功。什么样的孩子最幸福？快乐的孩子最幸福！希望你们能够时刻保持快乐，让抑郁和烦恼远离自己，把自己内心最真实的快乐展示出来！

让我们做你的朋友吧

朋友对于我们每个人来说都是重要的存在，这不仅是因为有了朋友，我们才会感受到友谊的美好，更重要的是因为有了朋友就有了能够敞开心扉、倾吐内心的对象。然而，父母和孩子之间，不仅仅只是亲情的纽带，我们更可以成为彼此独特的朋友。孩子，让我们做你们的朋友吧，这样我们就可以实现真正意义上的角色对等，这样我们才能有机会了解你们内心最真实的想法。你们也能够更好地了解自己的父母，当我们之间出现矛盾和冲突的时候，我们才能够心平气和地尊重彼此并完美地解决问题。

孩子，让我们做你的朋友吧！由于年龄上相差太多，每个人跟父母之间总会存在着或多或少的问题。价值观的差异也会导致代沟的出现，但是我们谁也不能说谁的价值观就是错误的。当我们之间出现分歧和冲突的时候，任何一位父母都不能绝对地认为自己的孩子必须要服从自己的安排和计划，我们更希望彼此之间能够相互理解和尊重，这样才是解决问题的根本途径。

或许受我国传统观念的影响，我们很多父母并不能真正做到西方社会中亲子关系那种民主和平等，但是面对你们的情感等隐私问题时，我们其实更愿意尊重你们内心真实的想法，而非盲目地替你们做出决定。所以，孩子，让我们做你的朋友吧。每天抽出一定的时间跟我们聊聊，让爱你的

爸妈了解你的最新情况，也请你多一点耐心来了解自己父母的苦心。即使我们之间出现了不同的意见，也不要总是轻易地用"代沟"来解释一切，更好地用心交流，这样才能减少我们之间思想观念上的分歧。

你们长大了，开始觉得与父母之间却没有了共同话题。小时候你们世界里父母头顶那个"super man"的光环逐渐地退却，你们开始不愿意和父母交流。你们开始嫌父母的学历低，你们开始埋怨自己的爸妈不懂得时尚潮流。于是，你们有些人开始抱怨：爸妈连上网都不会，整天就知道瞎操心。青春期强烈的自我意识和独立意识使得你我之间的关系开始疏远，于是我们就缺少了朋友间的那种沟通。

然而，我们都知道沟通本身其实并不是一件轻而易举的事情，于是，很多貌合神离的亲子关系开始出现。表面上看来，父母与孩子之间的关系非常得融洽，可是彼此之间并不了解，这份融洽也仅仅是止于表面而已。我们愿意和你们做朋友，因为我们愿意与你们进行沟通。我们更愿意把自己内心的真实想法告诉你，"朋友"这个身份恰好满足了我们平等交流的需要。

如果你们愿意把我们当作你的朋友，我们更愿意多抽出些时间彼此交流。我们愿意放下家长的架子，真心地站在朋友的角度用对待成人的态度来面对你们；我们愿意去倾听你们内心最真实的想法，我们不会为你们的行为贴上幼稚的标签；我们愿意在你迷茫的时候，以朋友而非父母的身份以过来人的经验为你们提供参考。孩子，和我们做朋友吧，不要再用"没有共同语言"的借口把我们挡在心门之外。

怎么会没有共同话题呢？如果你们不介意，我们愿意和你们一起回忆你们的童年往事，我们也愿意把自己的回忆和人生经历拿出来与你们共享。我们希望你们能够敞开心扉接纳我们，我们愿意听你们讲学校里的有趣故事，每天放学回来如果你愿意把自己快乐、烦恼的事情与我们父母分享，那么我们也会像朋友一样为你开心、帮你解忧。如果你不介意，我们也愿意跟你聊聊生活上小事，你也可以听父母发发生活中的牢骚和不满。我们可以一起探讨一下正在热播的电视剧，彼此交流一下国际形势和流行趋势。这些不都是共同话题和共同语言吗？只要你愿意，共同语言一定会有。

想要做朋友，是父母和孩子双方的事情，不是说我们父母一厢情愿就能达成的。诚如我们之间出现矛盾和隔阂也是很正常的，因为这是你们想要摆脱父母影响的必然反应。但是，在这个时候的朋友关系应该是更有联结力的。朋友关系的维系需要双方投注大量的感情，并且这种感情是不需要任何回报的。这个时候，某种程度上来讲，友谊确实是和亲情有着相同点。父母想要和孩子成为朋友，这不仅仅只是一种外在的形式，虽然说亲子之间的完全平等是不太可能的，但是我们愿意尽自己最大的努力做到最好。

朋友的类型也有很多种，也许你们觉得和自己的父母无法做到真正意义上的朋友，那么我们希望能够与你们成为知心朋友。我们希望摒弃在交往中身为父母的绝对主导身份，这样才能够走进你们的内心。你们如果愿意跟我们成为朋友，那么我们可以彼此更好地了解对方的所思与所想，消除亲子关系中的隔阂。

我们愿意做好朋友与父母之间的角色转换。作为父母，我们会尽心抚养和管教好自己的孩子。作为朋友，我们更愿意用知心朋友的身份来交流情感。我们尽自己的最大努力做到两种角色之间转换的张弛有度，希望彼此之间的关系能够既有朋友的亲密又有亲子关系间的和谐。有人说，和你们这些孩子做朋友这件事情，不仅仅是一门学问，更是一门艺术。作为你们的父母，我们更愿意去学习如何与你们做朋友。但是，我们更希望的是你们能把我们当作你们的朋友。

第六章　其实，我们理解你的爱情

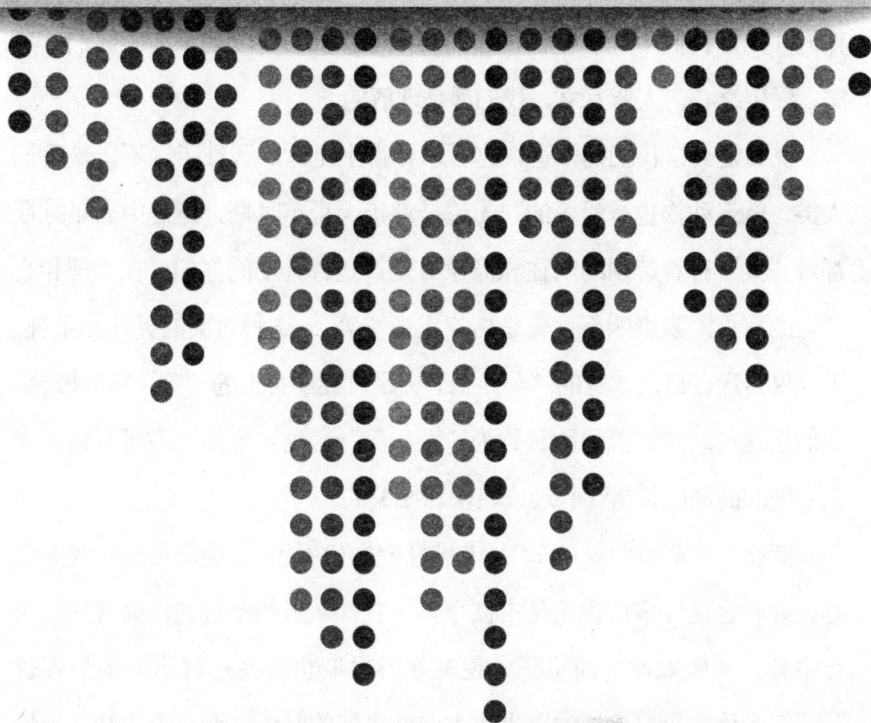

爱美之心，人皆有之

我们经常说："爱美之心人皆有之。"尤其是处于青春期的你们，爱美之心更甚。你们中的很多人，不管是男生还是女生，开始把更多的时间和精力用在梳妆打扮上。父母或者老师当然不是很希望你们在外表仪态上花费太多的精力，毕竟现阶段你们的任务还是以学习为主。所以，你们开始嫌我们不理解你们，你们开始埋怨我们过度地干涉了你们。其实，爱美之心，人皆有之，我们都是理解的。

说到爱美，我们都知道，这可以称得上是人的天性了。不止是我们人类，就连动物也是爱美的。无论是童年、青年时期，还是中老年时期都对"美"有着特别的向往和憧憬。尤其是青春期的你们，在生理和心理上的双重因素影响下，更是格外重视"美"。这种对美的关注和重视，不仅仅体现在自己本身的"美"上，更是对异性身上的"美"格外敏感。我们把这种对异性美的欣赏称为"性审美"心理。但是，不可否认，爱美心理的的确确是与性心理成熟密切相关的。

就连孔子都曾经说过："吾未见好德好色者也。"由此可见，爱美之心人皆有之这件事情确实是古往今来一直都从未断绝过的社会现状。古今中外，一概如此。西班牙小说家塞万提斯也曾经这样形象地形容过"美"，大体意思是这样的：当有人向你告状的时候，而这个人却又恰恰是个美女的时候，你千万不要看她的眼睛。因为美女的眼泪可能会冲击你现有的理智。由此可见，"美"确实是有着很大的作用，在某种情况下甚至会影响事物发展的进程。所以，我们不排斥爱美，因为爱美这种事情在必要的时候甚至可能会成为一种维护自己的必要手段。

我们明白，你们格外注重自己的仪表，可以说是为了自己的仪态更美一些。表面上看，爱美也确实是一种个人行为，但是仔细想一下，任何一种表面上的爱美在深层次上都是为了引起他人的关注。换句话来说，爱美最主要的目的是为了能够在异性面前展示出自己最好的一面。青春期的你们受体内性激素的影响，荷尔蒙开始发挥作用，潜意识里你们开始有了性意识和性心理，你们渴望能够被包括异性在内的外界所欣赏。当然，爱美心理上也是你们性审美的正常心态，正是希望通过对自身美的追求和关注达到吸引异性目光。

我们家长和老师都不排斥你们爱美，但是我们希望你们能够正确地看待"爱美"这件事情。你们目前正处于青春期，身体上的成长和知识的增长是现阶段最重要的任务。如果精力被"爱美之心"过于分散，掌握不好爱美的尺度，肯定就会影响你们的生活和学习。我们不希望你们把自己的主要精力放在修饰自己、打扮自己和过度的关注异性上，这称不上什么正确的追求。相反，如果学习和生活上被这种"爱美"过多地占据，肯定就会影响正常的生活，甚至会影响你们的身心健康。

我们希望你们能够正确地看待爱美。那么，怎样才是正确的"爱美"呢？首先，你要认识到，爱美这个词的概念。爱美当然会包括我们最常见的形体容貌上的美，比如容貌、体型等先天自然因素；但是，如果仅仅把美与外貌形体美等同也是不正确的。因为我们不能够忽视最为重要的心灵美和内在美。你的学问、修养和道德等都是内在美的重要组成部分，这些才应该是我们最本质的美。爱美之心人皆有之，然而有些青少年却是本末倒置，过分地去追求外在忽视了内心，这不是正确的追

求美的心态。

其次，只有内在与外在的美统一起来，才能称得上是真正的"美"。这种"爱美"不仅仅表现在自己本身，更会在对异性的审美上体现出来。当你们欣赏异性的时候，不要仅仅关注异性的外表，更要学会欣赏异性的内在美。每个人都应该用自己的慧眼看到自己和他人的内在美，这样才能够真正地享受到健康的美带来的真正乐趣。

最后，爱美表明了你们旺盛的青春期已经来到，青春期往往又会跟叛逆期联系到一起。这个时候我们家长或者老师的建议你们往往都是充耳不闻的，当然父母确实是不适宜过度干涉你们的爱美。但是希望你们自己能够调节好，多投身于社会活动或者集体公益活动，让自己的生活过得更充实一些。这样既能提升自己的内在修养，又可以培养正确的审美观，更好地理解审美教育，培养自己正确的爱美审美意识和理念。任何的美与丑都不是简单直观的评判就能得出，它更多的是我们思想上的认识。

如果每天早上起床，打开床头的衣柜，单纯地用漂亮的衣服来包装自己，那不叫"美"。如果你非要说这是美，那这也只是一种肤浅的美。成语"东施效颦"中的东施仿效西施的做法，在某种程度上来看她其实也没有什么错，毕竟爱美之心人皆有之，东施勇于追求自己心目中的美是无可厚非的，甚至在一定程度上也是值得我们去提倡的。所以，这也就告诉我们，每个人都不要因为先天因素的缺陷而怯于去展示自己的美，毕竟真正的美并不只是外表上的美。美属于每个个体，只要用心去爱美，心灵美才是真的美。美是一门艺术，需要我们去用心倾听；爱美是一门学问，需要每个人去用心领悟。

换个立场与角度看待早恋

说起早恋，想必在我们每位父母眼中那绝对是洪水猛兽，是孩子学习的绝对杀手。而早恋在你们的眼中，却总是充满了神秘感和向往。其实，理智地分析一下，我们父母和孩子双方都仅仅只是从自己的眼光来看待早恋问题，这是片面的。要想真正地认识到问题的本质，理应双方站在彼此的立场和角度好好地分析一下。

早恋问题在如今你们这个年龄段早已经是司空见惯的现象，要想真正地认识早恋，确实应该好好分析一下为什么早恋会出现。那么，你们为什么违背父母和老师的劝告非得早恋呢？从父母的角度来看的话，其实最主要的原因应该还是跟你们的心理有关。早恋之所以会出现，可能会跟你们心理上的寂寞和空虚有关。学业繁重的青春期，你们不愿意向我们父母倾吐自己的心声，心中有了郁闷就开始渴望能有人真正地懂你。于是，你们中的很多人觉得谈恋爱是一个不错的选择。

甚至有些孩子由于成绩不是很理想，就开始自暴自弃。加之外界对你们的要求过高，这让你们在心理上承受着巨大的心理压力，负能量的持续累积对你们的心理就会产生很不利的影响。于是，有些人觉得生活和学习不能带给自己乐趣，你们开始寻找其他的新鲜感。在我们看来，其实你们的这种早恋并不是真正的恋爱。因为你们与其说是在谈恋爱，倒不如说是想要找个异性的知心朋友。你们觉得自己的父母不能够给予

你们持续的关注和理解，家庭之外你们开始寻找心灵的寄托。

但是，我们希望你们能够真正地审视一下自己心中那份神圣的恋爱。扪心自问一下你们是不是懂得什么是爱，或许你们会很不服气，你们觉得爱就是喜欢！但是孩子，爱是很复杂的，没有人能够真正地诠释它。真正的爱需要我们用心去体会，随口就能说出来的不是爱。一辈子那么长，你们还没有真正体会到那种怦然心动的爱情，就非要把对异性的朦胧好感定义为高尚的爱，是不是有些为时尚早呢？所以，父母担心你们过早地将爱进行了狭隘的定义，以后难免会后悔。

除此之外，父母也是出于你们学习上的考虑。我们不想你们因为过早地谈恋爱就毁了孩子的前途。要知道现在的你们自控能力是非常差的，而恋爱又是非常危险的，另外，竞争是很残忍的，千千万万学子都要挤着过高考这道独木桥，一不小心就会被挤下去。早恋对你们来说，风险确实很大，所以，我们不得不防。

当然，你可能会说早恋怎么会是百害而无一利呢？早恋也是有好处的，我们不否认。我们也愿意站在你们的角度和立场上来看待早恋，早恋在你们眼中有什么好处？你们或许会说，早恋对你们的身心发展有利。这确实不能否认，青少年时期很容易就会陷入压抑状态，如果不能好好调节很容易就会心理扭曲。所以，能够有个倾吐内心、排解压力的异性也确实是很有必要的。

同时，不得不说，早恋也需要挺高的情商。事实也证明，如今的社会竞争异常激烈，要想获得成功不仅仅需要智商，也需要情商。而早恋的孩子往往情商方面会占有一定的优势，这是因为早恋的孩子在与别人的沟通中会更出色；从另一方面来说，你们大部分都是独生子女，独生子女在家庭生活中很难获得宽容理解和关怀他人的能力。如果你们早恋，那就会有所不同了，因为你们要照顾自己的恋人，这就有效地锻炼了你们的这种能力。恋爱双方是需要彼此理解包容的，而这些又都能够在恋爱的实践中得到提高，这也确实是早恋的优势之一。具备以上优势的人如果走向社会，就很容易被他人所接纳，对个人的成功也会有很大的帮助。

父母都是过来人，可以理解你们在强大的考试压力下急需要早恋来缓解压力的心情。不是有人曾经说过么，中国的教育制度应该感谢早恋，因为早恋的存在才使得众多的青春期少男少女没有选择自杀来缓解压力。从某种程度上来讲，这种论调也是有道理的。因为恋爱确实能引导你们心理的正常发展，很多人即使没有将早恋的想法付诸于行动，也是依然会独自悄悄暗恋着心中的某个人。不可否认，恋爱确实有缓解压力的疗效。

但是，早恋确实也是不宜提倡的，大多数父母的正确态度应该是不鼓励不提倡。我们希望亲子在对待早恋这个问题上能够做到相互理解，也就是我们常说的换位思考。如果你们有压力，我们更希望你们愿意跟自己父母谈谈。父母也是孩子的好朋友，父母有着其他朋友都没有的宝贵经验。如果你们愿意多跟自己的父母聊聊困惑，或许会有不一样的收获。父母愿意当你们最信任的朋友，也希望你们能够不排斥父母的关心，把父母当朋友而非敌人。

温馨的家庭环境有利于避免早恋的发生，幸福的家庭更有利于你们的身心成长。有些孩子的早恋是成熟的象征，这标志着他们更愿意走出家庭寻找父母之外的人的关怀，这种心理需求其实是可以通过家庭来弥补的。温馨的家，更有利于你们健康成长，而家庭的温馨除了父母的努力之外，更需要孩子的配合。所以，希望亲子之间能够共同努力，营造

和谐的家庭氛围。早恋很可怕，因为他们可能会摧毁你们的前途；早恋
也不可怕，因为早恋对个人人际关系的处理有帮助。所以，让我们一起
换个角度看待早恋，相信早恋也一定能被处理好。

恋爱，大学必修课？

恋爱在大学的校园里是一个很平常的话题，受学校教育多年的你们，高考更像是一道"解禁令"。跨过高考这道独木桥，你们中的许多人开始投身于一场又一场的校园爱情，享受着年轻带给你们的快乐。你们虽然接受了十几年的教育，却没有哪个老师或者哪堂课教会你们怎样去谈一场恋爱。于是很多人匆匆地开始了属于自己的恋爱生活，然而这种交往和恋爱多数是不以结婚为目的的。那么，恋爱真的是大学必修课吗？

每个人在爱情来临之前都只能是爱情中的低能儿，他们不知道何为爱情。然而一旦排山倒海的爱情到来，年轻的你们开始抵挡不住爱情带给你们的诱惑。缺乏理性的恋爱观充斥于整个浮华的校园中，很多人也由于一时的冲动为自己的爱情埋下了苦果。大学里是不是应该谈恋爱呢？恐怕这个答案不是唯一的。有的人主张大学还是处于求学阶段，虽然没有了高考这道墙，但是依然还是应该把学习作为主要任务。谈恋爱无疑就会分散精力，从而影响了学业。

当然，也有人会觉得大学时间很多，本来就应该用来享受。大学生在年龄上已经成为成年人。他们能够为自己的行为负责，肯定也能够正确地兼顾学业和爱情，做到两者的双丰收。大学校园里的爱情一般来说是纯洁神圣的，你们没有经历过社会上的钩心斗角，也不存在着门第悬殊，你们的爱情是最纯真的感情之一。更有意思的是，这个时候的家长

和学校往往不会做出什么明确性的表态和暗示你是否应该去恋爱。我们家长一般主张顺其自然，不提倡、不鼓励也不会反对，学校也不会对你们做出过多的干预，这就需要你们年轻人自己去把握好这个度。

很多经历过大学爱情的年轻人，即使是日后重新回忆起这段岁月，也会倍感甜蜜。爱情是可遇不可求的，大学中的爱情也是如此。校园里的爱情如此甜蜜，但却并不代表着每个人都要去尝试。那种认为大学四年，爱情也要当作一门必修课来上的心态是不正确的。大学里的爱情与其说是一门必修课，倒不如说是一门选修课。人生并不一定非要经历大学爱情的轰轰烈烈才能叫做完美，有些人大学期间即使有了心仪的对象也没有选择去谈恋爱。因为爱情不一定非要付诸于行动，爱情也不是什么必修课。如果爱情在大学里是必修课，那么错过了爱情还有没有补修一说？没有爱情光顾的大学生活也不一定不会光彩四射。

况且，有相当比例的大学生之所以选择大学里去谈恋爱并不是因为爱情，学业宽松内心空虚是其中很重要的一个原因。大学中，课程不再如中学时代那样紧张，中间的巨大落差使得许多人在心理上开始空虚寂寞，再加上自己本人缺乏大学具体目标，当看到别人成双成对的时候，难免会萌生出谈恋爱的念头。很显然，这种情况下产生的爱情并不是我们通常认为的那种两情相悦的产物，反而更像是为了完成某个目标，匆忙之间找了个人临时拉来充数。这样的话，也只能说你确实在大学期间谈过恋爱，你却不一定能够感受到爱情的真谛。

当然，大学时光那么美好，如果你把所有的时间都泡在图书馆或者自习室中，未免确实有些遗憾。如果你选择大学四年中要对异性敬而远之，每天都是与同性在一起显然也是不可能的，如果你非要这样宅下去岂不是要辜负了这美好时光。如果有真正喜欢的人，就大胆去追求吧。如果交往的对象确实是自己真心所爱，那就好好去维护这份感情。谈恋爱也可以让你们懂得承担责任，一个没有责任没有担当的人是不会有异性喜欢的。不能否认，大学期间谈恋爱也是对责任与爱的认真学习，这个学习过程是你们真正走向社会的良好开端。

人生那么长，世界那么广阔，要学习的东西有那么多，哪一样又能称为是必修课呢？想必每个人都有自己独特的看法，正如爱情只是生活的一部分，如果把谈几次恋爱当作生活的全部重心，一旦失恋那岂不是要整个人生都失去意义。如果你依然要把谈恋爱当作大学的全部，那这个时候的空虚确实是找到了寄托。大学本身就是课堂，大学时期也处在一个比较特殊的节点之上，于是大学校园也就处在了社会与半社会的状态之间。

作为家长，对于你们能够在校园中恋爱并修成正果，我们乐见其成，但是我们同样不认可没有轰轰烈烈爱情的大学不完整这样的观点。大学是走向社会前最后的狂欢，你们可以尽情地享受属于自己的一切。爱情却不能被当作全部，梦想和激情在大学期间同样占据重要的地位。爱情的美丽就在于它的不期而遇，掺杂着其他想法的爱情都不是真正的爱情。对大学中的恋爱，不要持有过高的期待，因为它不能够向你保证一定会开花结果，它只能教会你一些经营爱情的经验。

人人都知道爱情非常美好，但是这份美好却是不可苛求。爱情一旦到来就要用心去对待爱情，费心经营。但是如果爱情姗姗来迟，你也不要着急，是谁规定大学一定要有爱情，大学一定要谈恋爱？你们还年轻，完全没有必要因为没有谈恋爱就否定了整个大学生活的价值。大学里的爱情哪里是什么必修课，仅仅只是一门可修可不修的选修课而已，没有必要把它看得格外重要。顺其自然，因为没有人规定你要在大学毕业的时候交出一份让人满意的恋爱答卷。

婚前同居利与弊

　　现在有一个挺尴尬的现象，这个话题一般父母都不好意思直接和你们进行探讨，因为在之前的年代里这是个很不普遍的现象，如今却越来越普遍，这就是同居。尤其是你们中相当大一部分人选择到远离父母的大城市去发展，这个状态下如果恋爱就很容易进入同居生活。那么，婚前同居到底是性还是爱呢？

　　先来思考一下自己对于同居这种现象内心最真实的想法。有的人觉得婚前同居很有必要的，同居其实就是没有领结婚证就一起生活，这样两个人之间可以更好地相互了解，不合则分谁也不存在什么损失。也有人认为同居仅仅是都市中的男女为了满足性需求，找各种各样的借口生活在一起，这种行为是非常不负责也是有碍社会风化的现象。但是，有些年轻人却还是不管不顾地选择了同居。

　　有人曾经开玩笑地说，毛泽东时代的男女喜欢结婚之后再谈恋爱，邓小平时代的男女更喜欢先恋爱再结婚，如今这个时代呀，流行的是一边谈恋爱一边做爱。由此可见，婚前同居这种现象在我们身边是越来越普遍了。还有人在论述同居的时候，说过比较有意思的一句话，如果你非常爱一个人就跟他同居吧，因为这才是天堂；如果你恨某个人，也可以跟他同居，因为这也是地狱。婚前同居就像是火焰和海水一样，任何人都无法给出最终的定论。无论你是否赞同，这也的确是个普遍的社会现象。

北大的社会研究中心曾经专门针对婚前同居与婚姻做出过一个调查，调查结果显示：如今这个社会大约有 65% 的人认为同居是个人生活方式的自主选择，这个比例是相当高的，并且在这个人群中有一半以上是大学生。60% 的人同样能够接受未婚同居这种现象发生在自己身上，更令人匪夷所思的是这些人中女性的认可程度竟然要高于男性。当被问到为什么会选择婚前同居的时候，主要是房价和经济上因素的考虑。不能否认，婚前同居这种新的生活方式给了年轻人除婚姻之外更多的选择空间。

爱情在今天年轻人的眼中更像是快餐，受教育程度也使得你们的性观念进一步地开放。更有甚者，认识一个月就开始同居的也大有人在，这几乎成为你们年轻人如今谈恋爱的新方式。如果哪对年轻男女在一起超过几个月都没有发展到这一步反而成了不正常的男女，说不定还会被周围的人议论，这确实是个奇怪的时代。

当然，婚前同居这种现状之所以会出现是有一定道理的。美国密歇根大学的教授帕米拉就认为，如果年轻男女在结婚之前不共同生活一段时间就结婚是很不理智的。在西方人的眼里，婚前同居甚至是值得提倡的。同居确实能够有效地避免一段婚姻以离婚的方式收场，很多年轻人在同居之后也会选择分道扬镳，并不是说婚前同居的两个人就一定会走进婚姻的殿堂。你们年轻人对待婚姻的态度与父母这一辈人是截然不同的，你们在面对自己的婚姻时，更容易作出离婚的决定，你们把婚姻看得更开。

但是，帕米拉也同样指出，那些在结婚前就生活在一起的人的婚姻

质量往往不会太高，甚至可以说是比较差。这样的婚姻生活中往往会伴随着更多的争吵和更少的交流，这样的男女对婚姻的忠诚度也不会太高。不得不说，本来想利用婚前同居来保证婚姻的质量，结果却适得其反。

还有一个社会现状是：往往年轻人同居的时间都不会太长，一般都会稳定在四五年之内。婚前同居有两种结果，一种就是两人共同走向婚姻的围墙，另一种就是选择分手。两种结果所占的比例往往都是差不多的，可见婚前同居确实可以有效地阻止因冲动而结婚。如果两个人的婚姻出现了问题，往往婚前同居的人群更容易选择离婚结束掉这段婚姻关系。并且，两人的婚前同居时间越长，双方就更不愿意受到婚姻的约束。

在我们国家，同居的群体更多的是那些大学刚刚毕业的男女，他们往往都是年龄不大就要离开爸妈生活，过着心酸的漂泊生活。这群人更需要面对的是偌大的城市带来的竞争压力，生活节奏太快以及各种充满未知的不确定性。

于是，远离家人的这群人开始寻找精神上的寄托。而一旦伴侣出现，年轻的人们却不会急着去结婚。因为婚姻代价太大，门槛也高。要想结婚需要双方父母的同意，还要有充足的物质基础。相比较于婚姻关系的建立，同居就要简单得多。一对年轻的男女，提出同居的往往是男生，但是一旦同居关系结束，婚姻关系也不会存在的话，对女孩子的伤害要更大。婚前同居男女中，男方有了结婚的想法之后，婚姻成立的概率才会比较大，可见婚姻的自主权是在男方手中。

婚前同居的原因可能会是多方面的，有的人想要借此消除感情上的寂寞，有的人则是想要解决经济上的难题，更多的人会是想要暂时解决生理上的需求。婚前同居的对错很难界定，但是这种行为本身就需要有很大的勇气，同时如果你一旦选择了同居，就要经受住来自外界的苛责。当你们遇到这样的问题时，不要急于作出任何决定，先仔细想一下，自己选择婚前同居的目的到底是什么？

婚姻，是两个家庭的结合

一说到婚姻，好多年轻人就开始敬而远之。你可能会觉得只有爱情到了，婚姻就应当是自然而然的事情。然而，婚姻远远没有表面上看起来那么简单。爱情或许是两个人之间的事情，而婚姻则是两个毫无关联的家庭的结合。两个家庭之间本来不会存在着任何的关系，却正是因为家中两个年轻人的婚姻被联系在一起。

父母为什么会如此慎重？因为我们这一辈人清楚地明白，婚姻并不就是两个人简单地相加。热恋中的年轻人总是容易被自己的爱情轻易感动，甚至会盲目到冲昏头脑，如果在这个时候讨论婚姻问题肯定就会缺乏必要的冷静。如果我们父母再不替孩子把好关，等到将来婚姻中出现问题的时候，不止两个年轻人、两个家庭都会追悔莫及。尤其是我们国家，传统思想观念的家庭还是占有相当大的比例。父母之命、媒妁之言的婚姻方式虽然有些老土，但却依然是很多年轻人认识婚姻的重要方式，自由恋爱结婚的比例并没有想象中那么高。

年轻人可能暂时感受不到婚姻家庭所带来的压力，刚工作前几年是很难达到经济独立，"月光族"是大部分年轻人的生活窘态。而你一旦选择结婚，这就意味着你选择承担社会和家庭所赋予你的责任。骤然间，你会突然发现，残酷的社会现实并不会因为你是年轻人就会对你格外的仁慈：房价依然令人望尘莫及，物价依然是那么的不让人安心。当一个新家庭要组建的时候，双方的家庭难免会对你们的新家庭进行援助。这个时候问题就会随之而来，有的父母会拿出自己可观的积蓄来帮助你们；然而并不是所有的家庭都能如此。这个时候，由于双方家庭存在着摩擦、无法达成共识，就很容易会对两个人的感情产生影响。

要知道，两个家庭结合而成的婚姻，很有可能就是两个家庭不同世界观的结合。你们可能会觉得父母的观念是落后的，但是不得不承认我们的很多婚姻理念是符合现实情况的。我们经常讲门当户对，这个门当户对其实不止是说经济问题，更是两个家庭观念上的统一。如果两个家庭观念差不多，那么经济条件上相差大，摩擦也不会少。相反，如果双方经济条件差不多，观念相差太大，那么两个年轻人结婚之后肯定也会出现不少问题。

要想脱离自身本来的家庭，重新组建一个新的家庭，是很不容易的一件事情。这个时候，就会形成三个家庭，结婚后的年轻人短期内肯定不会脱离自己原先的家庭，会跟自己的父母保持密切的联系。再加上如今的家庭都是独生子女，独生子女的父母即使是在子女结婚后也会在精神上充分依赖自己的孩子。于是，父母精神上依靠子女，子女物质经济上离不开父母，双方的关系在孩子结婚后反而可能会被强化。如果结婚之后有了自己的孩子，那么由于工作原因，孩子开始交给双方父母来带。这个时候，父母对你们新家庭的影响就会日益凸显。这时你就会发现，婚姻不仅仅是两个人的事情。

双方家庭的相互渗透会使得原本简单的婚姻关系变得复杂异常，而你们在这场婚姻里也不仅仅是要面对自己的配偶一个人，更是要面对他背后的整个家庭。你要学会如何跟一群原本了解不多的人做到和谐共处，你要花上大量的时间和精力来考虑这个问题，你到时候就会焦头烂额、无所适从，婚姻带给你的恐怕不再是甜蜜而是负担。

　　如果你还是觉得自己的爱情有着足以战胜一切的勇气和信心，那么，你的经济足够独立吗？你可以保证自己凭一己之力买得起房子，你可以不依靠自己的父母？如果经济上做不到脱离父母的控制范围，那么恐怕其他的一切都是免谈。爱情不是面包，不能够充饥，社会现实可以将爱情打回原形。这就正如当初的你，你总觉得爱的只是那个人，跟他的家庭没有任何的关系，其他一切都可以忽略。仔细想想真的是很不现实，因为你爱他就表示你得接受他的一切，包括他的家庭和家庭价值观。

　　你喜欢他，却未必会喜欢他的父母，爱情在婚姻面前不能够独善其身。没有任何一个人可以肆无忌惮地躲进两个人爱情的安乐窝，无论是嫁还是娶都是两个家庭之间的结合，过日子更是两个家庭的相互磨合和不断较量。婚姻不似爱情，谁付出多一些谁付出少一些，都会分得很清楚。

　　当然，如果你一旦决定迈进婚姻的围城，就要做好充足的心理准备。不论看起来多么和谐的家庭生活，在现实中总会出现些磕磕绊绊，矛盾是不可避免的必然。任何一方的生活习惯和教育理念等都可能与对方之间存在着较大的差异，所以，避免矛盾需要两个家庭都要有担当。总之，不要把婚姻想得过于简单，婚姻，是两个家庭的结合。

第七章 孩子啊，你已经长大了

在外边，学会照顾自己

从你们呱呱坠地起，我们就开始为你们有着操不完的心。十几年来，你们逐渐地长大，然后离开这个长大的家。你们就像是羽翼渐丰的小鸟，长大后离开父母去外边闯荡。然而，无论是你们在外学习还是在外工作，我们父母仍然还是担心牵挂你们。孩子，在外边，一定要学会照顾自己。

在家的时候你总是觉得我们烦，你讨厌我们一遍遍地问你，"想吃什么？""你在哪里，什么时候回来？"所以，你们开始迫不及待地想要离开我们，想要去外边过属于自己的生活。于是，我们开始在天气预报的时候格外关注你所在的城市，在每次打电话的时候，我们的口头禅也开始逐渐地变成了"在外边，一定要学会好好地照顾自己"。是的，没有父母在身边，你们更要学会自己照顾自己。

你们要时刻注意自己的身体，身体是革命的本钱。上学或者工作再累再苦，也不能苦了自己的身体。身体垮了，还拿什么来努力工作、努力学习呢？你们要记得吃饭，人是铁饭是钢，不吃饭怎么会有精神和力量去工作？在外边，不要苛待自己的肚子，加班再忙也要记得吃饭。你们在外要注意天气变化，你们远离父母，我们无法帮你添衣煮饭，你们更要学会自力更生。在外边，受了委屈要学会向我们父母倾诉，无论何时都要记得家是你永远的港湾，家中还有关心你的双亲。

哪个父母不希望自己的孩子离得近一些，可是你们说希望能够有更为广阔的天空，于是爸妈放弃了把你们留在身边的自私想法。父母同意你们离开家，只是希望你们能够经受住外面世界的风吹雨打。我们知道，外面的世界很精彩，却也很无奈。城市里的霓虹灯再闪亮，也抵挡不住一个人奋斗的心酸。

我们总是守在电话旁等你的电话，因为我们害怕错过与你的通话。你总是在电话中让我们放心，自己在外面一切都好；但是我们知道，你们这是为了让我们放心，不要总是牵挂你。父母希望你们能够在外边好好照顾自己，不要让我们担心，通话中如果我们过于唠叨，你也不要烦，我们只是对你放心不下。你们总是觉得自己这么大的人了，让我们不要操心。可是，在我们的心里，无论多大，你永远都是孩子。

在外边，你要学会照顾好自己。如果肚子饿了，就要吃饭了。千万不要将就过去，因为身体是自己的；如果天冷了，更是要添衣服，生病了父母无法在身边照顾你们，一个人要学会照顾自己；如果累了，更是要学会休息，父母愿意倾听你的牢骚；如果你孤独寂寞了，要学会找朋友聊天诉说，父母也是你的朋友，我们也愿意倾听。听起来这些都不是很难，可是真正地做起来却真是着实不易。

生存上的困难尚且是可以解决的，一个人在外最关键的是能够让自己的心理实现独立。要有面对挫折和面对孤独的勇气。父母关心你，却不能永远陪伴在你的身边。出门在外，什么事情都要学会自己承受，这不仅是成熟独立的象征，更是独自一人在外的必备条件。

那么，在外面应该怎样学会照顾自己呢？首先，在外漂泊，在一个陌生的城市，内心肯定非常得不适应。这个时候我们希望你能够随时随地跟家人、朋友保持着联系，希望通过父母或者朋友能够把身在异乡的孤单心情平静下来。我们每个人都会对陌生的环境产生恐惧感，茫然是陌生环境给我们每个人的第一感觉。无论哪个年龄段的人，总会对未知

充满着无措，处于压抑的环境时更要学会照顾自己，更要为自己加油暗示：不要怕，我永远是最坚强勇敢的！

其次，要学会适应外界的环境，多试着融入新环境。环境不同，遇到的人也不同，这时候很容易会出现自己不理解不习惯的事情，这个时候就要学会去包容和适应，学会与周围的人去沟通。沟通是处理人际关系最好的途径，沟通也有利于打破封闭的环境。只有相互沟通、相互理解，才能更好地与新环境融为一体。

最后，出门在外不要硬撑。出门在外的人都知道，生活可以用一个字来形容，那就是"难"。或许你当初之所以选择远离亲人是为了能够自由，然而，远离父母唠叨的代价却是独自生活的困难和艰辛。初来乍到，或许会有新鲜感，更多的却是陌生。繁忙的生活和学习会让你们更多的地感到落魄和孤寂。一个人在外会很累，不止是身体累，心会更累；但是父母更希望你们能够坚持下去，实在坚持不了了，我们随时欢迎你回家。

年轻的你，在人生的道路上为了梦想风雨无阻，日夜兼程。我们很欣慰，看到你能够对自己的人生和未来如此的全心全意，我们父母也希望你们的梦想能够实现。你成功了我们会为你高兴为你骄傲，然而，我们父母更关心你本人，希望你能够适应外面的风雨，学会照顾好自己。

父母年龄越来越大，也开始逐渐变得越来越依恋自己的孩子，谁家父母不希望儿孙绕膝？但是，我们更不愿意因为自己的私念影响你们，如果你们能够在外好好地照顾自己，这将会是对我们最大的安慰。父母的爱是对你们一天二十四小时的牵挂，父母的爱是无论距离再远都有的默默支持，在外边，学会照顾好自己。

你的青春，你做主

曾经有一部《我的青春谁做主》的电视剧火遍大江南北，这部电视剧被许多年轻人认为是一部青春励志剧。就像电视剧的名字一样，毫无疑问，讲述的是年轻人的青春。那么，你的青春应该谁做主？毫无疑问，当然是你自己！青春就像是美丽的蝴蝶，我们看到的是它翩翩起舞，却很难想象破茧成蛹的艰难。青春就是这样，需要不断地蜕变，只有经过不断地磨练才能够真正地成长，青春是属于你们每个人的，如何才能真正做到你的青春你做主呢？

电视剧中三个表姐妹的青春故事各不相同，却都是同样的精彩。他们怀揣着各自的梦想，无奈，却在现实中屡屡碰壁，残酷的现实告诉人们什么才是真正的生活。当自己的梦想与父母的想法发生了冲突，电视剧的主人公们开始困惑：自己的青春，谁才是主宰。所幸的是，他们每个人都用自己的行动给出了最好的答案。整部电视剧由于贴近现实也引起了很多年轻人和家长的深思。你们的青春你们做主！面对青春道路上的十字路口，当然要由自己做出选择，即使错了也不后悔。

青春的主题永远都与选择有关，风华正茂的年龄里如果缺少了选择，那么你的青春也将会是一片空白。如果想要自己掌控青春，就要勇敢地去挑战。你们的青春当然是由你们自己做主，难不成你们每个人愿意将自己青春的做主权拱手相让？要想自己的青春自己做主、自己掌控，就

应该要有勇气和担当。

电视剧的导演赵宝刚就曾经坦言过："每个人的青春都是一个短暂的梦，梦想总是很美妙，然而当你梦醒之时却会发现梦中的一切都会不复存在。"他把这部电视剧献给那些有着青春梦想的年轻人和为子女操尽了心的父母。面对你们的青春，我们父母是不能够代替你们做出决定的，我们更愿意给予你们指引。

困难与挫折总是生活的重要组成部分，你们不能逃避，你们应该想办法去解决。人呢，为什么要活着？恐怕每一个人都有着不同的答案。不同的年龄、不同的经历都会有着不同的理解；但是我们父母很清楚一点，不能把自己对生活和幸福的理解强行加到你们的身上，你们的人生也不应该是我们人生的复制。我们更愿意把选择权交给你们，因为我们愿意尊重你们自己的意愿，尊重你们的选择。相比于代替你们做决定，为你们提供建设性的意见是最好的选择。你们是父母生命和血缘上的延续，但你们却不是我们人生的翻版。

青春期的你们总是对成功有着无限的渴望，对自己的理想也愿意倾尽全力去追逐；但是不要在生活的压力下迷失自我，迷惑只是暂时的，拨开迷雾总能找回自己。青春的时光里，哪能没有困惑，但是每个人都要秉持"你的青春你做主"的信念，才能够创造出独属于你自己的人生。青春岁月里，谁能不犯错、不幼稚呢？年少轻狂的岁月里很多人都会甘愿付出代价，而这却又恰恰是你们最真实的青春！或许你们会流泪，但当你们将来回想的时候，会感到青春依旧是那么美好。

但是，需要注意的一点就是我们提倡你们主宰自己的青春，却不希望你们盲目地对待青春。青春期一个很显著的特点就是容易产生逆反心理，尤其是对待自己的父母。你们能够有自己的主见是正常的，也是值得提倡的，因为这是青春期的必经之路，荷尔蒙的催化也使得你们容易冲动。然而，这种冲动的叛逆却不是盲目的反对，当你们总是认为自己的青春容不得别人左右的时候，很容易排斥父母的任何意见。你们拒绝倾听任何来自外界的意见，即使是这个意见再正确你们也不愿意去采纳。这个时候。就不能说是自我主导青春了，只能是害了自己，辜负了青春。

你的青春，你做主。父母不愿意你们有这种逆反行为，但是我们却无法阻止这种心理的产生。真正意义上的"为青春做主"，不是说要你往东你偏要往西，唱反调并不是青春的主流。当与父母的意见出现分歧的时候，选择权确实是在你们自己的手中，但是你也要合理采纳别人的意见。青春总是容易冲动，别人的经验恰好可以弥补这一不足。

你们总是认为父母对你们的管教严重干涉了你们的自由，其实从我们的角度来看，这仅仅只是希望能够对你们的青春道路多点正确的引导。我们希望你们自己的青春自己把握，却又不希望看到你们走上弯路，或许当你们也成为父母之时就能体会到我们的为难之处。父母这个角色其实远远要比你们想象得困难，当你们有一天也成了父母，你们或许会跟我们一样，你们也会对自己的孩子不放心。你们也会开始为自己的孩子做出这样或者那样的决定，这个时候你就会觉得自己其实也没有过多干涉孩子的自由，仅仅只是做了自己应该做的事情。

青春真的是异常短暂，时光却又总是如此得让人留恋。如果你选择让别人做主自己的青春，那么美好的青春岂不是被辜负？有人曾经说过："青春就像是一场大雨，即使是会让人感冒，但是却依然还会盼着能够回头再淋一次。"珍惜你的大好青春吧，好好把握，充分发展自己的兴趣。有勇气，有担当，正确对待父母的意见，并能够始终坚信你的青春，你做主。相信每位父母都不会随意干涉你们的青春，你们的青春需要自己去把握。

你的未来人生需要规划

　　无论是工作还是学习，如果能有一份计划表进度往往会更加高效。同理，我们的人生也需要做好规划。作为每个人都将面对的课题，你们对自己未来的人生做规划时间越早，受益就会越大。尤其是现在你们尚未离开校园，还在象牙塔里无忧无虑地生活。这个时候你们更应该为自己走向社会做好充足的准备，否则当你们踏出校园的时候，对自己的人生将会是一无所知。迷茫的人生需要自己进行认真的规划，这个规划包括很多方面：职业生涯、做人、家庭等等。

　　人生规划也可以叫作生涯规划，它是我们每个人一生的策略规划。人生需要你去规划，当然更需要你去经营。自己的人生自己才是主角，起点和终点在哪里都取决于你们自己，就连你们最亲近的父母也不能够代劳。未来人生要想规划好，就要充分地发挥自己的潜力和才能，描绘出最精彩的人生蓝图。我们的人生之所以要做好规划，那是因为人生规划的目的就在于通过对自己未来的绸缪更好地、最大限度地帮助自己把握好当下，更是对未来做好充足的准备。一言以概之，就是活在当下，赢在未来。一份成功的人生规划能够帮助你更好地了解自己，对未来做好清楚的人生定位，进而实现自我价值。

　　人的一生就是一趟不知道目的地在何方的旅行，你在某个地方上车，手里握的却是一张单程票，无论沿途的风景好与坏，都不可能会有回程票供你选择。然而，如何能够把这张车票充分地利用好，这就取决于你在上车之前是如何规划的。这就正如人生之路，想要走出什么样的人生，完全都是个人的选择，自己的人生只有自己才能给出最精彩的诠释。

二十岁之前，是做未来规划的最好时间。因为这个时候，大部分人的你们情况都是差不多的，基本上所有的同龄人都还在校园中受着基础教育的洗礼，升学和读书奏响了这个时间段的主旋律。

这个时候的你如果能够做出适合自己的人生规划，那绝对是很有必要的。如果你想要继续读书深造，那么在接下来的日子里你就更应该用心去读书，尽自己最大的努力把专业知识研究透、掌握好。如果你愿意更早地进入社会的大染缸，那么你就要认真考虑好自己的兴趣和爱好是什么，将来想要从事什么样的工作，这样才能够为将来的就业做好充足的心理准备。

如果说你们这个年龄段以前的所有事情几乎都是自己的父母一手包办的话，那么现在的你们就可以说是从父母手中接过大部分的自主权。父母将不会再对你们做过多的干涉，将是你们自己掌握和规划属于你们的人生，法律也将会赋予你种种选择的权利和义务。那么，你该如何做好自己未来人生的规划呢？

首先，你应该先要搞清楚自己的人生目标是什么。何为人生目标？人生目标当然就是我们身为一个社会人穷其一生都在追求的、生活中的核心所在，其他一切事情都是围绕着这个目标来运转的。在实现这个人生目标的过程中，痛苦和欢乐都会伴随在你的左右，迷惘和困惑也会围绕在你的身边。你或许会经常问自己：我是谁？我要做什么？大多数人对自己的人生目标并没有清楚的认识，往往需要自己不断地去努力尝试，生活经验的累积或许会让我们得到自己满意的人生目标。

其次，人生目标和未来规划一旦确立，自己就要着手尽最大努力去

努力。在某种程度上来讲，学历会是帮助你实现未来的重要工具。因为学历与知识之间有着密切的关系，知识可以帮助我们更好地了解人生。学习就是人生进步的推动力，只有不断地汲取知识的养分，才能提高自我修养。你们要最大限度地弥补自己的不足，如果你觉得自己性格过于内向，那么你应该尽量培养自己与人沟通的能力。即使是很多步入晚年的人也都会有着自己对未来的打算，因为他们知道任何时候的未来规划都是有必要的。

最后，你要通过制定未来规划中的具体细节来构筑整个人生规划的宏伟蓝图。比如说，你可以制订详细的学业报告计划，在这份不轻松的计划中你又可以细分成各个时期的详细计划。不管时间段的长短，都希望你能够明确自己在学习中可能会遇到的各种问题以及自己的应对措施。未来规划一旦制定，就要想尽各种办法去实现，付诸于行动才能实现梦想，再强的动机没有付诸行动也是枉然。

当然，人生未来规划一旦被制定，并不是说就一定会是一成不变的。诚如我们生活的环境总是在不断地变化，规划的不确定性太大，他仅仅只是为我们提供一个人生框架。把我们放在这个大体的未来框架之内，指示一个大体的方向，在具体的实践操作中再去不断地修改和更新。每一个把自己局限于特定区域和范围内活动的人，都是不成熟的个体，显然这种做法也是不可能会实现的。未来不确定性因素太大，谁也不能随随便便就给未来定性。

你们这个年龄就像是一块海绵，为了自己的成长不断地吸收着外界的一切。只有此时的你们吸收的"水"够多，将来才会挤出更多的"水"。你们现在面临着最好的时代，也面临着一个竞争最为激烈的时代。要想不在竞争中迷失自我，就努力地做好自己人生的规划吧！

毕业了，去闯荡外面的世界

在学校无论呆上多少年，即使是读书读到了博士，依然还是要面临着毕业，依然是要走出校门去社会上闯荡。对于你们来说，或许毕业确实是一个句号，因为这标志着你们不得不与自己的青春挥手作别，不得不告别自己的年少轻狂。在校求学的日子，看似漫长却过得飞快，转眼之间已然要毕业话别、各奔东西。孩子，毕业了，就去勇敢地闯荡外面的世界吧。

你们中的每个人在学校的时候可能都会做过这样的梦，希望自己能够赶紧毕业，然后真正地去闯荡外面的世界，但是，当你们真正毕业的时候，你们就不得不向学校说再见。曾经在象牙塔里对未来的美好幻想要你们通过双手的努力去实现，无忧无虑和舒适惬意也开始成为奢侈品。你们不得不收敛起年少无知的轻狂，因为你们要单枪匹马去闯荡外面的世界。年轻本身就是一场异常激烈的竞争，它驱使我们找寻自己想要的生活。

何谓"闯荡"？闯荡就是离家在外谋生。五光十色的霓虹灯下，你孤身一人来到陌生的大城市。作为一个外来人，你不得不放低自己让自己努力融入异乡。校园里的你，只是一个学生，书本上告诉你们外面的世界很精彩；但是却没有告诉过你们，外面的世界同样很残酷。

如果毕业后的你，甘愿过安稳的日子，也不是没有道理。可是多年

之后回想起来会不会心里依然非常不甘？尚未真正地在外面好好闯荡一番就匆匆地回到自己父母的身边，对外面的世界一无所知，真的是会非常遗憾。

父母和家，永远都是你的避风港。然而，从某种程度上来讲，它也是制约你闯荡奋斗的不利因素。所以，从侧面来讲，避风湾也有可能成为你再也走不出去的泥沼。父母当然希望你能够按照他们给你铺好的路走，年龄到了结婚生子是再自然不过的事情。但是，你们应该尊重自己的内心，勇敢地出去闯荡一番。所以，不要着急回家，不要急迫地给自己套上枷锁屈从于现实。

毕业了，勇敢地去闯荡外面的世界吧。即使你最后还是一无所成地返回到家乡，但是你依然会收获颇多。如果你是个普通青年，有梦想、有目标，那就勇敢地去大城市闯荡；如果你是个文艺青年，有追求、渴望自由，那就背上行囊到外面的世界去转转吧。如果单纯地把自己禁锢在某个小城市里，那么你的全部世界将只会是这座城市，即使你再羡慕外面的世界，你也很难走出去。

如果你有足够的勇气去闯荡，那就勇敢地去吧。从拉萨，再到丽江，好好地去看看外面这个自己并不熟悉的世界。是的，毕业之后如果选择在外闯荡，很可能就是选择了始终在外漂泊这条路。况且外面的世界也不总是那么精彩，外面的世界也会有太多的无奈。你可能会混得很好，前程似锦；你也可能会连份儿理想的工作都找不到，只能勉强维生。但是，不论怎样的生活，这些都是你自己做出的选择。

也有些年轻人会担忧，选择了北上广，就要面临着巨大的竞争，生活压力太大。可是孩子，年轻不就是你们的优势吗？如果年轻时都不愿意去拼搏奋斗，难道要等到白了头发的时候再去奋斗吗？是的，生活难免会有这样或者那样的矛盾，你是愿意出去闯荡还是愿意缩在避风港湾中，这取决于你想要过怎样的生活。或许等你毕业之后，先到外面的世界闯荡一番，打拼上几年才能够明白自己究竟想要过怎样的生活。

离开校门，你们就要开始去奋斗了。无论你是要留在小城市，还是选择背井离乡到了北上广，只要有自己的目标和决心，只要自己敢于去尝试，生活就没有什么不可能。是的，过于安逸的生活，会腐蚀掉我们生活中最重要的追求。如果你不想要这种安逸，那就选择勇敢地去闯荡吧。选择了一个人闯荡社会，就要先做好吃苦头的心理准备。这种闯荡可不仅仅只是你事业上的拼搏，更有生活上的独立。无论何时，家人和朋友不会永远在你的身边，你要学会独自承受，生病时一个人照顾自己，搬家时自己搬东西。外面的世界总是让人无限憧憬，生活和工作中所有的一切都需要自己来承受，你得有充足的心理准备。

但是，人就是这样，年轻的时候如果不多出去闯闯，等到自己年华老去的时候大部分的人会后悔，但是人已暮年，再遗憾后悔也只是会徒增伤感。所以，你们还年轻还有机会，这个时候不去拼搏什么时候去？找一份自己喜欢的工作，一开始可能薪水不会太高，但是只要你用心去做了，就一定会有所收获。

外面的世界很精彩，但外面的世界也确实会让你们很无奈。外面的世界确实太大，不确定性的因素也会有很多，有时候美好的理想在残酷的现实面前实在是不堪一击，但是孩子，请你相信，人的潜力是无穷的。无论何时，环境可以塑造人，也可以成就人。陌生的地方可以结交新的朋友，陌生的环境能给你带来新鲜的感受。所以，毕业后勇敢地去闯荡吧，闯荡过的人生老了也不会后悔，拼搏过的人生才不会留下遗憾。

告别"啃老"，不做"啃老族"

由于我国特殊的人口政策，独生子女是我国时代的产物。伴随着时间的流逝，当年的第一批独生子女也早已为人父母。当年以韩寒为代表引起全民大讨论的八零后也是进入独立的年龄，"零零"后逐渐开始引领着社会发展的潮流。但是，这些人群却给我们社会带来了一个新的现象"中国式啃老"。

那么，什么是"中国式啃老"呢？所谓的"中国式啃老"，其实就是指我国的很多年轻人，年龄一般在三十岁以下，他们本来已经学业有成或者能够自立，却依然在生活上离不开父母的帮助。这群人有的甚至连工作都没有，宁愿窝在家里蹭吃蹭喝，也不愿意用双手养活自己。都已经是成年人了，却依然在经济上不能独立，买房买车花光父母的大半积蓄不说，甚至有些年轻人自己的信用卡都要让父母来还款。

之所以会出现这种"啃老"现象，我们不能否认这是与当前社会现状有关系的。如今社会就业难、生活压力大等等，都在考验着这群八零后甚至是九零后。有人说现在要想找一份好工作，难于上青天。尤其是很多年轻人大学毕业之后，由于书本上的理论与实际相差太多，他们空有学历而无能力，只能去从事一些可替代性强的工作，工资肯定也就高不了。于是，"啃老"开始变得理所当然。

父母不是万能的，我们不能够为你提供一切。是的，身为父母我们愿意尽自己最大的努力来帮你，我们愿意倾其所有；但是，所有的这一切都是在父母经济承受能力允许的范围内。有专家曾经分析过我国的"中国式啃老"，他们认为这种社会现象的背后更是我国特有的代际利益交换。何谓利益交换？他们认为父母之所以会无限度地满足于自己的孩子是希望在自己老了以后，孩子能够抱着同样的态度来回报自己。这个问题是个见仁见智的问题，但是"啃老"这种社会现象却是真的不值得提倡。

"啃老"现象作为我国特有的社会现象，从一定程度上折射出我国现有教育体制和家庭教育的失败。但是，不管外在环境如何，我们还是希望你们能够告别"啃老"，因为你们的父母不能够为你们提供你们想要的一切。你们所想要的，还得靠你们自己的拼搏。很多外国人对我们国家的"啃老"现象表示十分不理解，因为西方教育理念与我们存在着本质上的区别。

国外的家庭教育一般都信奉着救急不救贫的做法，我们不能说这样的做法有多正确，但是这却能有效地预防孩子长大成人后过分地依赖家庭。父母都宠爱你们，也都愿意为你们付出一切；但是你们在整个成长过程中都应该形成自我独立的意识，千万不要总是有着"父母能够为我做好，父母有钱自己不用谁用"这样的错误观念。

对你们最大限度地有求必应并不是对你们好，这种过度保护很有可能会让你们养成娇生惯养的坏习惯，不愿意吃苦受累也是现在很多年轻人的恶习，总想着不劳而获，这也是不现实的。我们希望你们要从小就树立起正确的责任观，包括父母在内的每个人都有着不同的社会责任。你们也不例外，姑且不说整个社会需要你们年青一代去努力，以后也是要成家立业的，那个时候你就要承担起一个家庭的责任，这个责任不是父母能够替你们承担的。

华中科大的校长"根叔"每年在毕业离校时都会向自己的学生做一次演讲，他曾经在演讲中谈到过"啃老"这个问题。在演讲中，他奉劝很多年轻人不要沾染这个社会的坏风气和坏习俗。"根叔"说很多人过几年可能会谈婚论嫁，这个时候很多年轻人为了能够拥有一套自己的房子，开始不惜"啃老"。他倡议年轻人要告别"啃老"、告别"俗气"。不得不说，这些话都倒出了如今很多父母的心声。

你们应该认识到如今的"啃老"其本质上来说是由于你们对自己缺乏自信，从而对生活压力开始逃避。而一旦你选择了逃避生活，那么可能短时期内父母会为你提供所有的帮助，暂时得到的"好处"却很有可能被你本质上的懒惰所强化。于是，短期开始演变成长期，啃老开始成了很多"啃老族"的"持久战"。如此这般，啃老也就会永无休止了，甚至可以说等这些"啃老族"到了中年，还是会依靠自己年迈的父母。

拒做"啃老族"，这是由时代赋予你们每个人的责任，每个人的行为都要更好地符合社会给予我们的期望，换句话来说，就是成年了就不要再把自己当成小孩子，成年了就要用成年人的意识来要求自己，要有一定的责任感，这样才能够体会到社会赋予你的角色责任感，你也就不会什么事情都去指望自己的父母。

父母不是不爱你，暂时依靠家庭庇护、依靠"啃老"其实隐藏着更深的恶果，很多年轻人会越来越缺少努力工作的动力，他们更愿意靠父母生活，遇到事情不会处理，父母年迈了，又要靠谁？所以，你们要在面对生活的巨大压力时，勇敢地担当起属于自己的那份责任，同时，还要逐渐地学会独立，不止是生活上的独立，还包括经济上的独立。我们父母希望你们能够对自己认真负责，学会自己挣钱自己理财，同时，你们的心理也要慢慢成熟起来，相信这个过程不会很容易，但这的确也是社会对每个年轻人的期许。所以，孩子，请你告别"啃老"，不要做"啃老族"。

我们老了，这是属于你们的时代

毛主席曾经说过："世界是你们的，也是我们的，但是归根结底是你们的。你们这些青年人朝气蓬勃，正在兴旺时期，好像早晨八九点钟的太阳。希望都寄托在你们身上。"不得不承认，我们老了，这个时代也不再属于我们，你们才是时代的真正主人。

马云在自己尚且年富力强的时候却选择了急流勇退，他将自己亲手创办的阿里巴巴交到了年轻人的手中，甘愿选择退居幕后。他说自己看到中国的年轻人，不希望有一天来追忆自己失去的中年。他认为每个人都会年老，也都会变得糊涂。解决年老和糊涂最好的办法就是选择让位，选择相信年轻人、相信未来。马云是正确的，也是值得我们每个人敬佩的。他能够承认年轻人的能力，甘愿出让阿里巴巴的掌控权，这就是一个聪明人的选择。

是的，你不得不承认，你的父母也会老。当我们两鬓开始变得斑白之时，你们也在逐渐地成为整个社会的中流砥柱。属于我们这代人的时代和记忆正在逐渐地褪去，而你们开始成为主角。这个世界终究还是属于你们年轻人的，这个社会的前途也是属于你们这代人的。父母总有一天会老去，而你们也总有一天会承担起更重的社会责任。

我们每个人都不想面对，却又不得不面对的事实就是人是会变老的。所以，亲爱的孩子，当你有一天看到父母的牙齿已经不再能够咀嚼坚硬的食物，当你有一天发现父母开始容易忘记事情，那个时候说明父母已经老了；这也就意味着，小时候曾经牢牢牵着你的手怕你走丢的那个人，现在需要你来牵着他们的手，这样才不会迷失在这个属于你们的时代里。我们即使无法接受变老这个事实，但是这个时代却真真正正是属于你们年轻人的时代。抗争不过衰老的父母，也不得不依靠你们。

即使有一天我们动作迟缓，看起来或许也有些邋邋遢遢，但是我们却依然希望你们对父母多一点耐心。如今的时代是属于你们的，父母早晚会被时代所淘汰，我们不了解潮流变化，不懂得操纵层出不穷的高科技。如果你的父母给你买的衣服有些老土的时候，亲爱的孩子，请你千万不要拒绝他们，否则会伤了他们的心；如果你的父母不愿意参加你建议的某些活动，亲爱的孩子，请你千万不要责怪和失望，否则会误解他们。

每次我们打开电脑，却被满屏的游戏画面弄花了眼睛。每次上网，我们无法理解那些匪夷所思的网络用语，着实是件郁闷的事情。此时的心情甚至可以用被时代所抛弃来形容，但是这就是生活！当我们最熟悉的 IE 浏览器都已经退出这个时代的时候，我们真的是不得不承认时代的进步，即使我们还没有完全地适应 WIN 7 或者 WIN 8 系统。是的，这就是我们不得不面对的时代，我们老了，不能指望如今的时代还像以前那样熟悉。时代的车轮在每个人的生活中呼啸而过，更是远远地将我们抛在了后面。我们只能用那些曾经的回忆来聊以安慰，却很难再在这个时代中找到归属感。

每个时代都有属于一代人的机会，父母在这个时代面前已经没有丝毫的优势可言。你们才是时代真正的主人，所以，你们一定要善于抓住属于自己的时代机会。历史的车轮总是会滚滚向前，你们有自己的理想，每个人都有着自己的个性，有着自己的想法，你们是一群爱恨分明的青

139

年群体。然而，在面对属于你们的时代时，你们依然有着太多的事情要去做。成长的道路上，我们每个人都愿意用包容和鼓励来支持你们年轻人，因为我们知道你们才是时代的生力军。

总有一天，你们也会终将老去，诚如我们。总有一天，也会有人当面告诉你：你已经老了，这个时代不是你的。因为时间是公平的，每个人都能做一次时代的主人。所以，不要选择逃避。单纯地就目前而言，你们尚且还没有必要担心自己被时代所抛弃，因为你们未来的道路还很长，你们才是现在这个时代的主人，时代已经把话语权和主导权交到了你们的手上，你们要学会去利用。

你们是新时代的青年，老年人才有的暮气不应该笼罩在你们的身上。你们有着自己独特的激情和理想，有些人说这是独属于你们"青年病"，我却觉得这是你们不可或缺的"时代病"。你们应该把自己从时代的枷锁中解放出来，这样才能更好地享受这个属于你们自己的时代。作为年轻人，就应该能够在现实的磨炼中茁壮成长，每一代人所经历的青春、时代都是不一样的，但是却能同样带给每个人拼搏的回忆。

时代能够带给你们最美好的东西就是现在，同样，这个时代最让我们激动之处同样也是你可以自己选择拼搏和奋斗的时刻。但是，即使这个时代是属于你的，你依然要用奋斗来面对这个不可预知的未来。时代的潮流面前，或许你们无法随心所欲地去追逐自己的梦想，不能够肆无忌惮地去挥霍自己的青春。有时候你也只能向这个时代低头，然而，这就是长大，这就是成熟，这就是你们不得不面对的属于你们这一代人的时代。任何人都无法与时代的潮流逆行，我们老了，这个时代是属于你们的，你们要学会珍惜和把握。奋斗着的青春最美丽，奋斗的青春才是时代的主流！

第八章　孩子，你爸爸不是李刚

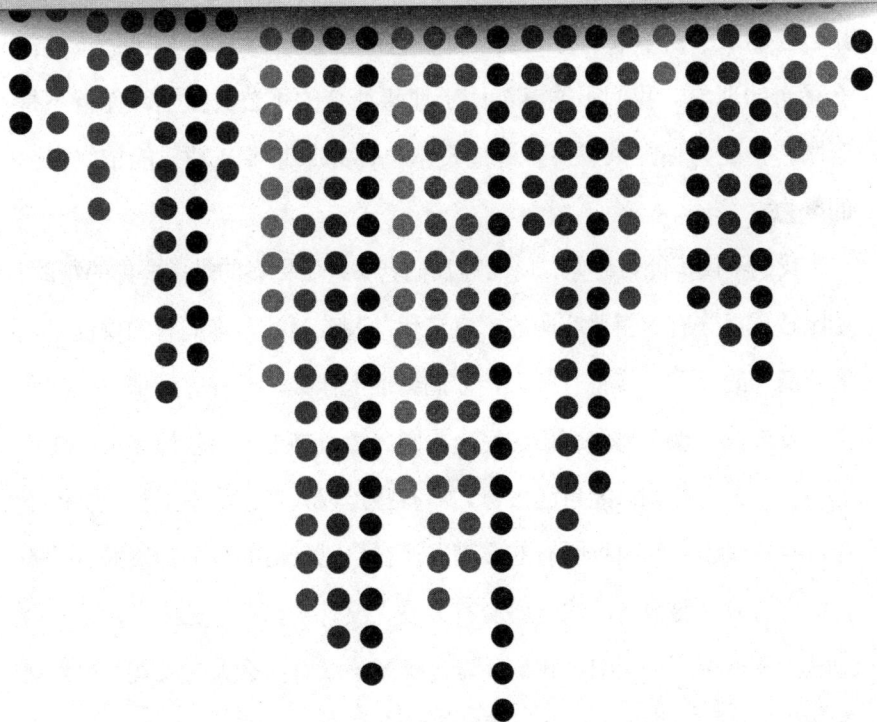

对不起，你爸不是李刚

　　人这一辈子，为了什么活着？为了钱，为了权？恐怕没有人会承认这样的说法，是的，我们一辈子不是为了钱和权活着，但是我们却同样要用一辈子的时间去为了这些打拼。有些人，家境优越，生来就含着金汤匙；但是，更多的人却是普通人，没有家庭可以依靠，只能用自己的双手去争取。有人说，现在这个社会，"拼爹"早已经不是什么稀奇的现象。我们不能够沉溺于埋怨社会的不公。孩子，你爸不是李刚，不能为你提供"拼爹"的资本，你如果想要成功只能依靠自己的努力。

　　我们不仅不能帮衬你，反而等我们老了之后更多的是需要你的帮助。相比较于那些有着祖辈庇荫的"官二代""富二代"，你们有的仅仅只是需要赡养的父母。终将有一天，你们会走上社会，或许等到那一天你会突然发现社会现实与你想象的完全不同。教科书上不会教你如何在社会上生存下去，你们只能自己去努力。有些年轻人自己吃不了苦，不仅不在自身找原因，反而将所有的不满发泄在自己父母的身上，怨恨自己的爸妈没有钱，怨恨自己的爸妈没有关系、没有人脉。可是孩子，真的很抱歉，你爸爸不是李刚。我们父母这一辈子没有什么大的成就，更没法在你们需要的时候最大程度上满足你们的需要。

　　如果你们想要跟很多"富二代"那样，想要自己的下半辈子就这样"啃老"啃下去，父母心里是很心酸的。你们啃噬的在你们眼里只不过是些生活下去的物质基础，可是你有没有想过，爸妈没钱没权，穷其一生的积蓄也不足以维持你们无限度的挥霍。恐怕这个时候你们就不是"拼爹"了，你们更多的是"坑爹"吧。父母能有什么办法，儿女是自己上辈子的债主，上半辈子欠下的债只能慢慢地还，所以，父母对你们的爱都是不计回报的。然而，我们做的所有的一切并不是你们认为的那样天经地义，也并不是说父母辛辛苦苦的操劳就是为了让你们心安理得地过着舒适安逸的日子。

父母希望你们能够明白，你爸不是李刚。即使你的父母现在腰缠万贯，不愁吃穿，有能力无条件地供养着你。但是再多的资本也有挥霍完的一天，你应该也必须学会自己在竞争激烈的社会中生活下去。退一万步讲，假如你爸是李刚，当然可能性很低，你出了事会怎么做？你愿意跟李刚儿子那样躲进权利和财富的庇护伞之下，闯了祸后哭着喊着找自己的父亲解决问题吗？社会是残酷的，但并不代表整个社会都会拜倒在钱权的脚下。钱和权可能会解决一时的难题，却不能解决你一世的问题。

对不起，孩子，你爸不是李刚。你如果在学校中违反了校规校纪，打架斗殴，旷课等等，父母或许还有点能力帮助你，大不了就是转学，当然我们并不提倡你这样做。但是，试想一下，如果你进入社会之后，触犯的是国家的法律法规的话，国家的司法系统是不会轻易放过你的。父母也是回天乏术，在法律面前人人平等！

咱们这个社会啊，不得不说某些价值观念都有些畸形了。很多人更是由于某些负面新闻的影响有着错误的观念，像什么"生得好，不如嫁得好""学好数理化，不如有个好爸爸"等等这种思想风气蔓延。然而，这些都忽视了个人努力在成功中的主导作用。如果一个好爸爸真的能够

主宰一切，那么还要奋斗干什么？

你们这一代人与我们的时代有着很大的不同，这个时代的背后与其说是钱权在发挥着作用，倒不如说是某些人的意志在产生影响。而"李刚"也不再仅仅只是一个人名这么简单，它背后更多的则是反映出这个时代背后年轻人更想要的东西——钱和权。正是由于很多年轻人不具备这些，所以年轻人的群体才会浮躁起来。时代不缺富二代，也不缺穷二代，无论社会和时代如何发展，永远有人会处于社会的最底层。他们的收入不会太高，幸福感也不会太强。金字塔顶端永远只是属于一小部分人，我们大多数人都是出于努力向金字塔尖攀爬的阶段。你们不需要自己的爸爸是李刚，要用自己的双手去努力以创造出自己想要的一切。

如果你总是希望依靠自己的父母来出人头地，从不踏踏实实地工作，假以时日，你是愿意告诉别人说我是某某的子女，还是愿意让别人说这是某某的父母。很显然，明明有些事情自己是可以搞定的，为什么非要借助于父母。年轻人要有自己的理想和抱负，更重要的是有奋斗下去的勇气和动力。如果你想永远依靠自己的父母，躲在父母的怀抱中也不愿意独当一面，那么即使你爸是李刚也没用，你也不会有什么大的成就。

"我爸是李刚"这句网络流行语之所以会从网上火到网下，除了网络效应发生作用之外，也能够从一定程度上反映出我们这个社会的现实和可怕，更有着普通人的心酸。但是，邪不压正，李刚也不能一手遮天。不管你信还是不信，父母不可能永远成为你的遮阳伞，你也不可能永远生活在温室中，早晚有一天李刚的儿子也得自己去讨生活。希望有一天，你会发现即使自己的爸爸不是李刚，只要你愿意去奋斗去创造，你也可以活得很好。

走出象牙塔，学会接受世界的不公平

提到象牙塔，我们最常想到的是校园。象牙塔其实只是起到了指代作用，泛指一切能够脱离现实的天地。在象牙塔之中，你们可以忽视外部社会的丑恶，甚至可以说是超脱了社会现实，独自躲在舒适的小天地之中。然而，这种生活终有结束的时候，你总是要走出象牙塔，走向社会。这个时候，你就要学会接受整个世界的不公平。

当你们尚未走向社会之时，你们可能会无比的憧憬和向往，但是，不要忘记，这个世界本来就没有什么公平可言。现实很残酷，生活中你仔细观察的话，你可能会觉得处处不公平。

你们还年轻，你们还有资本，但是你们千万不要相信世界对每个人都是公平的这种话。如果你相信，那是你太天真。就连号称我国最公平的人才选拔制度——高考，也不能称得上是绝对公平，充其量也仅仅只是说相对公平。教育资源分布不均再加上中国最具特色的户籍制度，直接导致了高考这种选拔方式不可能做到我们心目中的公平。或许这个世界上唯一最公平的也只能是时间了，每个人的时间总是相同的，时间不会偏袒任何一个人。除此之外，很难找出其他绝对公平的东西。

有些人可能会说这种不公平只是在我们这个社会存在，特权阶级在西方民主国家是完全不存在的。这也是错误的，哪有绝对公平的地方？就连最民主的美国，恐怕也不是最公平的地方。"美国梦"吸引着无数

的人前往这个地方淘金，可是这并不代表着公平就是绝对的。美国社会也不例外，也会存在着社会底层人群，这些人群要想实现自己的美国梦，需要付出超过其他中产阶层多几倍的努力。所以说，世界上并不存在绝对公平的地方，因为个体不能改变社会现状。你唯一所能做到的就是在面对不公平时学会去接受和忍耐，或许如何学会去面对不公平要远比评价社会不公平这件事情本身更重要。

比尔·盖茨清醒地把"人生是不公平的，你要习惯适应它"这句话送给年轻人，或许这句话本身有些冷酷，但是这句话背后不公平的社会现状更严重。几乎从你们刚懂事的时候起，父母和老师就告诉你们要相信公平，现在却又告诉你们世界不公平。你可能会觉得太矛盾，但是真实的情况可能是父母希望你们能学会用自我的努力来争取不公平环境里最大程度上的公平。当然，我们的教育本身也是在掩盖这个不光彩的社会现实。所以，当你走出象牙塔时，你会突然发现书本上所描绘的与你身处的现实世界不太一样。

如果有人背叛了你，你的指责与哭诉可以改变现状吗？或许有人会同情你，但是既成事实无法改变。如果有人欺骗了你，你可以选择不接受吗？恐怕也是很难。当别人对你恶语中伤的时候你能够叫别人闭嘴吗？估计很难。你更多的恐怕也只能是学会去接受。

尴尬？无奈？不甘心？任何一种情绪的反应都是正常的，却也都是没太大必要的，因为你们面对这种不公平只能选择去接受。就连上帝都做不到公平，哪能苛求其他。就拿我们每个人的样貌来说，有的人美丽大方，有的人却是长相丑陋，高矮胖瘦哪有对自己都满意的人？你出生在富裕安定的地方，说不定有人却还在贫困落后的地方吃不上饭，这就是社会现实，虽然很残酷却不得不接受。一句话，这个世界没有绝对的公平。

你们要学着接受这个世界的不公平，就像是面对艰难困苦一样。如果困难来临的时候你只是在那里抱怨，丝毫不会起到任何作用。面对不公平，自己的抱怨和牢骚又能起到什么作用呢？不公平的地方照样也有成功的榜样，贫民窟中照样也可以诞生百万富翁。我们既然无法改变这个不公平的环境，倒不如选择坦然地去接受。再多的唠叨也是苍白无力的，倒不如用行动去加以改变。

世界是现实的，也是残酷的，它不会因为我们某个人的抱怨就会有所改变。学会去接受不公平，即使你有再多的委屈，再多的无奈。在某种程度上来讲，人生就是要无奈地接受不公平。汗水与我们的成功大多数情况下也是成正比的，如果你想要挣更多的钱，想要升职，那你就要付出比其他人更多的努力；如果你不愿意付出，却仅仅只是去埋怨，那么你是不可能会成功的。

当然，要想让你们承认人生不公平这件事情本身就是需要巨大的勇气，但是每个人却又必须要认识到这一点。你们手中有哪些牌，自己知道；手中的牌应该怎样打，也要你们自己去思考。不要再一味地沉溺于对公平与否的比较之中了，正视现实的落差，尽自己的最大努力才是你们应当做的。面对世界的不公平，学会去接受它、适应它，最终才能最大程度上实现公平。你认可的公平不一定别人也认可，所以这不一定是真正的公平。恰恰相反，你不认可的公平却说不定是真的公平。学会去接受这个世界吧，接受这个世界的现实与残酷，用自己的努力去离成功更近一些！

不要总羡慕别人，学会欣赏自己

谈羡慕别人与欣赏自己这个话题之前，先让我们一起分享个童话故事。故事讲的是一只小老鼠总是觉得蓝天那么高那么广阔，而自己却是如此的渺小。于是，原本性格外向开朗的它变得每天都郁郁寡欢。终于有一天，他鼓起勇气问天空："你那么美好，我却这么卑微，你能不能借我点力量。"蓝天却回答道："我也不是万能的啊，我也害怕白云的遮挡。"小老鼠很诧异，又去问白云："你是力量最强的吗？"白云却告诉它，自己害怕风，风会把自己吹散。风又说自己不伟大，自己有害怕的东西，自己害怕墙壁的遮挡。小老鼠跑到墙的面前，对墙说："你是世界上最厉害，连风都害怕你。"

故事还没有结束，想要知道墙是怎么回答的么，墙回答："怎么会，我也有害怕的东西啊，尤其是你，老鼠在我的身上打洞之后，我很容易就会倒塌啊。小老鼠当然会很吃惊，他没有想到，自己找了一圈结果竟然就是自己。童话故事讲完了，里边的寓意却不简单。把这则故事与我们的实际联系起来，不难发现我们总是更愿意在生活和工作中去羡慕别人，却往往忽视了自己。所以，不要总是去羡慕别人，要学会欣赏自己。

金无足赤，人无完人。谁都有缺点，谁也有优点。世界上哪有绝对完美的人存在呢？很多人总是习惯于把自己的缺点放大，把别人的优点无限地放大。甚至有些人当局者迷，看不到自己身上的优点和长处，总是把自己的短处与他人的长处做比较。这种时候你的心态就很容易会失衡，因为你会觉得自己处处不如别人，于是，你就觉得别人怎么总是比自己幸运。为什么你总是最倒霉的那个，世界那么精彩，你却感受不到其中的快乐。

为什么总是要去羡慕别人呢？别人的生活，别人的成功那都是别人努力的结果。崇拜别人可以，但是切忌盲目崇拜的同时对自己进行否定。不如别人成功，自己的能力就一定比别人差？当然不是这样，长期处于羡慕别人之中并不会把自己变得跟羡慕对象那样出色，反而会贬低了自己。要记住，你不比任何人差，你之所以会产生如此失衡的心态完全是因为你把自己所有的目光都投在了别人的身上，却忘记了低下头好好地审视欣赏一下自己。如果你愿意静下心来欣赏一下自己，你也会发现自己同样优秀。

羡慕别人情有可原，这是因为我们总是更愿意在别人身上看到自己的不足，然后就可以完善自己。但是，也不要忽视一点，我们每个人的处境都是不同的，你不能永远地模仿别人。你可以通过羡慕别人的优点来弥补自己的不足，但是千万不要过于沉浸在别人的优秀中迷失了自我。我们每个人的个人条件是不同的，即使是同一件事情也不能用完全一样的标准来衡量。如果你总是去羡慕别人，它不会因为你的羡慕带来任何实质性的帮助，反而很有可能会打击你那脆弱的自信心。

此外，还有一点，大多数人总是看到别人的表面，却永远不会知道别人在成功的背后付出了多少的心血。成功的人之所以会取得今天的成就，离不开汗水的浇灌。你可以羡慕别人考上了北大、清华，可是你有

没有想过这些人在背后付出了多大的努力。当你在熟睡的时候，说不定他们还正在挑灯夜读。

每个人对成功的定义都是不同的，每个人的优点和长处也是各异的。如果你只是单纯地关注某一个方面或领域，并且感到沮丧和难过的话，那也是你自寻烦恼。别人的优秀怎么就能冲击到自己的信心呢？难道不应该看到别人的出色之后自己更加努力吗？况且你仅仅只是比较的某个方面，说不定你在另外某些领域要比这些人强得多呢。比如说，如果你跟某位同学想比，你的成绩差很多，但是，你有没有想过，说不定运动是你的强项，而那人却恰好是个运动白痴。当你看到某个人事业成功，就开始羡慕嫉妒恨的时候；你有没有想过其实这个人并不善于处理人际关系，很多同事都不喜欢他，而你却深受同事的欢迎。

羡慕别人也不能说是错误，毕竟羡慕本身并不存在着对与错的争议，它也仅仅只是我们的天性。但是，由于自己对他人的羡慕而带来无尽的痛苦就是一种错误。大部分的痛苦之所以出现是因为在你与别人比较的过程中，心态开始失衡，你开始变得贪婪和不满足。这个时候你就要学会知足，知足并不就是说要你消极，不去努力，而是希望你能够对自身的优点学会欣赏。不要总是去想别人身上有多少东西你没有，多去欣赏和审视一下自己身上有多少别人没有的优点。

低下头好好欣赏一下自己身上的优点，你就会发现其实自己的优点要比不足多得多，毕竟瑕不掩瑜。正确看待别人的优点和自己的缺点，这样的人生才会快乐豁达得多。但是，千万不要总是把赞美的目光放在别人的身上，更不要全部地否定自己。你应该多花些时间好好地审视一下自己，找出自己身上的闪光点。说不定就在你羡慕别人的同时，别人也正在羡慕着你，而你却浑然不知。不要总去羡慕别人，要学会自己欣赏自己，心满意足也是一种智慧。如果你总是把自己的目光盯在别人的身上，你就会丢失许多自己身上宝贵的财富。羡慕别人不如珍惜自己拥有的，学会欣赏自己吧，你会有不一样的发现。

父母没资源，自己去积累人脉

美国曾经流行着这么一句话："我们每个人之所以会取得成功，不在于你是谁，而是在于你认识谁。"成功背后的人脉资源发挥着你无法想象的作用。不是有句话么，说我们中国是最具有人情味的国家。这个人情味的深层次就包含着人脉的影响力，很多事情都需要自己人脉的帮助才能成功。大部分的父母由于能力有限，没办法为你们提供有用的人脉资源，这就需要你们自己去积累人脉。

在家你可以依靠自己的父母，出门在外有了困难就要借助朋友的帮助，甚至于当你真正地独立进入社会，你的人脉也会给予你事业上的帮助。由此可见，好的人脉在我们国家的重要性。"人脉"在一定程度上也等同于"关系"，我们经常就说"拉关系"、"走关系"，其实依靠的也正是各种各样的人际关系网。有了好的人脉网，生活各方面都会有所帮助。

所以，有些时候我们说期望你们能够上名校并不只是说单纯地想让你们接受更好的教育，这仅仅只是上名校的原因之一。还有很重要的一方面，如果你能够上名校，你们认识的同学会相比较来说更优秀一些。这些同学就成为了你日后走出校园之后最为重要的人际关系网，所以上名校能够积累人脉是个很显而易见的结果。所以，也有人曾经说以后的社会啊，将会从"拼爹"逐步转变成"拼同学、拼人脉"。

同学是你们在走向社会之前最为宝贵的财富，这一点也不夸张，你们从幼儿园开始一直到最终离开校园，最少要经过十几年的学校生活。在这十几年里，你们接触最多的除了自己的父母就是这些朝夕相伴的同学。尤其是当你们进入大学之后，大学同学更是你们走向社会后人际关系网中最关键的一环。你会发现，当你走向工作岗位时，大学同学会为你提供很大的帮助。

比如说，你在求职的时候，虽然你会看到各种各样的招聘消息，但是整个招聘市场供大于求的情况下，竞争是异常激烈的。这个时候，如果你的同学在某个不错的公司中恰好担任 HR，相同的条件下，那么你入选的可能性是不是会大大增加呢？可见人脉关系确实是重要的财富，但是这也并不是说要你在上学的时候为了日后的利益刻意去做某些事情，人脉的积累是自然而然的事情。

朋友多了，以后的路才会更好走。无论你以后是选择给人打工还是想要自己创业，人脉都会在其中发挥着重要的作用。我们每个人的人生，都可以看作是存折，财富、知识、包括人脉都是"人生存折"的重要部分。人脉一般情况下都会影响你的财富和知识，斯坦福的研究中心曾经做过一次调查，调查的结论发现我们每个人一生所挣的钱，有 87% 以上都是来自于你的人脉和关系，只有百分之十几才是你能力的真实体现。

台湾证券的投资界杨耀宇就是最大限度发挥人际关系的典型案例，作为著名的投资人士，他甚至担任过统一企业的投资顾问。他的身价也是高达近亿元，普通家庭出来的孩子，他的父母并没有给他提供多大的帮助。有人就问他，是怎样取得如今的巨大成就快速积累财富的。杨耀宇是这样回答的："答案很简单，有时候自己的一通电话远远要比几万字的研究报告含金量高，自己的人脉关系网络其实遍及各行各业，能为

153

自己提供巨大的帮助。"

当你看到别人混的风生水起时，不要只是去羡慕嫉妒。积累人脉确实可以说是一门艺术，很多人其实对"人脉积累"存在着错误的认识，有些人觉得普通人哪用得着什么人脉，只有那些保险推销员、业务员等推销行业才需要人脉积累。这显然是不正确的，如今这个社会哪个行业不需要人脉和关系？就连企业要想做大做强，人脉竞争力也是发挥着越来越大的作用。卡耐基的负责人也曾经在培训中指出过"人脉是一个人通往财富和成功的入场券"。

哈佛大学也曾经做过人脉竞争力课题的研究，他们最终发现，很多我们广泛认可的杰出人才，他们在这个领域和行业的专业能力其实往往不是什么重点，这些人反而会花费更多的时间用于培养自己的良好人脉关系。

怎样才能积累自己的人脉呢？首先，需要注意的是人脉积累的方式并不是唯一的，不同行业不同性格的人都有着不同的提升人脉的方式，技巧并不是唯一的。但是，要想积累人脉自己必须要有自信心和善于沟通的能力。如果你总是把自己圈于小圈子里不愿意与陌生人接触，那么你谈何积累人脉。连人都不愿意去多接触，人际关系也不会有多好。

其次，沟通能力也是别人理解你和你了解别人的重要途径。"红顶商人"胡雪岩的成功最重要的一点就在于他愿意与别人去沟通，并且愿意自己用心去倾听。遇到不认识的人时，要有搭讪的勇气。有人说，"不要脸"也是成功的必要因素之一。何谓"不要脸"，其实就是脸皮厚。厚着脸皮去与他人搭讪，当遭到拒绝的时候不要退缩，那些仅仅只是为了"面子问题""面子上挂不住"就打退堂鼓显然是不能积累下广泛人脉的。

最后，当别人需要你帮助的时候，千万不要吝惜，能帮就帮。说不定哪天自己需要对方的帮助，给对方留个好印象，这种好印象是会扩散的。真诚的人更容易被别人接受，那些不愿去帮助别人和不愿意吃亏的人长期来看是利大于弊的。

孩子，你们的父母没有资源，不能为你们提供事业上的帮助，只能靠你们自己去积累人脉，将人脉关系转化为无尽的财富。

让父母为你而骄傲吧

　　这么多年，风雨无阻地走过来，每一步都留下了不一样的印记。成功与失败，失意与彷徨总是伴随在人生的左右。在我们父母的心中儿女失败了自己更痛苦，子女成功了我们比谁都骄傲，因为你们的存在本身就是父母的骄傲和自豪。从你呱呱坠地的那一刻起，你已然是父母生命的全部。我们愿意尽自己最大的努力为你们营造出最好的生活环境，我们愿意让你们上最好的学校、受最好的教育。因为你就是我们的自豪，亲爱的孩子，让我们父母为你而骄傲吧！

　　随着年龄的增长，或许曾经那个光芒四射的父母在你们心中早已被打回了原形。你们开始学会与关心自己的父母顶嘴，你们开始叛逆，你们开始肆无忌惮地挥霍父母辛辛苦苦挣来的钱。甚至你们中的有些人开始埋怨自己的父母，你们怨恨自己的父母为什么不如别人家的父母那样有钱。父母不是完美的，但是任何来自子女的质疑和顶撞都会使我们父母寒心。但是，即使是我们伤透了心，父母也不会有什么怨言，我们依然愿意尽自己最大的努力为你们提供一切可能的帮助。

　　无论是读书还是工作，抑或是生活，希望你们能够理直气壮地告诉自己的父母，你们努力做到了最好，虽然结果可能会不尽如人意。但是父母依然会为你们感到骄傲，不是为你们的成就感到骄傲，而是为你们感到骄傲。那么，你扪心自问一下，你真的做到了尽自己最大努力去拼搏了吗？我们不需要你们信誓旦旦地向父母作保证，保证自己一定会成功，保证自己取得怎样的成就，我们更希望看到的是你们尽了自己的全力去奋斗，那样即使失败我们也不会有任何遗憾，因为我们看到了你们的努力。

中国父母在面对子女时习惯含蓄地表达自己的感情，但是大部分的父母在外人面前却丝毫不会掩饰自己对子女的自豪。如果有一天，你看到父辈人聚在一起，相互吹捧自己的孩子如何的优秀。请不要惊讶，或许你们的工作没有多么好，你们的学业也没有我们描述的那样出色，但是那又何妨？你依然是我们的骄傲。千万不要觉得自己的一切成就与父母无关，当你们有朝一日也成为了父母，你就能体会到儿女是父母最大的骄傲。

我们父母这一辈子，其实哪里需要你们为我们做什么，我们不需要你们为我们付出什么，我们只希望你们能够做到最好，这就是我们最大的骄傲。即使你们没有大的成就，你们如果能一生平稳安逸，一点点的进步也是我们的骄傲。如果你们能够出人头地，有所作为，这当然是每位父母都愿意看到的；但是，成功不会光顾每一个人，即使是尽了最大努力都不一定会成功，但是我们依然为你们骄傲。

也许你们会对自己的父母有偏见，但父母依然希望你们能够通过自己的努力成为父母的骄傲。怎样才能让自己的父母为自己骄傲呢？

首先，希望你们能够做一个称职的子女，希望你们能理解父母。父母希望你们的人生能够常与快乐相随，即使最后你没有什么大的作为，但是快乐依然是我们在你脸上最想看到的表情。

其次，为自己的父母感到骄傲吧。父母这一辈子或许得到过很多人的肯定，但是最应该得到的恐怕就是来自于子女的认可。要想父母为我们感到骄傲，首先我们应该为自己的父母感到骄傲。上帝是公平的，赐

予了我们每个人一双父母。也许每个人的父母的能力会有所区别，但是父母对子女的爱却没有丝毫的差别。你可以去羡慕那些"富二代""官二代"，因为他们的父母确实是可以给予他们丰厚的物质基础和更好的发展平台。但是，请你千万不要否定自己的父母，难道你们的父母不也是为了子女奉献所有吗？只不过，相比较于那些各种"二代"的父母，我们只是缺少些许的资本，但是对你们的爱却丝毫不减。

最后，父母当然希望你们能够成功，但是成功与否却绝对不是衡量你们的唯一标准。有出息的你们，我们放心，懂事的你们，我们却更愿意看到。我们不需要你们的成功为我们挣得怎样的面子，因为子女不是父母的面子，而是我们的全部。我们也不需要你们能"赢"过别人，这些都不是什么我们值得骄傲的事情。我们最大的骄傲是你能做到最好的自己，用行动向社会证明自己，得到社会的认可，活出真正的自己，这才是父母最大的骄傲。

不管是事业上的稳定还是人生的平安喜乐，都是我们父母最希望看到的结果。虽然工作上的成就可能会让你们前途无限，为你们提供物质基础，但是我们依然认为能够快乐地活出自我才是你们真正完美的人生。有些人，终其一生虽然大富大贵却没有真正地活出自己，这不是真正的人生；有的人，虽然生活比较平淡却依然能够在平实中体会到生命的真谛和快乐，这才是每个人最应该获得的生活领悟。无论做什么，你们永远是父母的自豪！好好地活出属于自己的完美人生，让父母为你们骄傲！

自己的错误，自己扛

如果自己犯了错误，你会怎么做？是把所有的善后留给父母和关心自己的人，自己躲到父母的怀抱中，还是勇敢地承认错误尽自己最大的努力去加以弥补？显而易见，答案应该是后者，但是在现实中，却很少有人能够真正做到自己的错误自己扛。大部分的人在面对自己的错误时，往往会逃避，更不会承担自己应尽的责任。

身为英国皇室贵族的王子查尔斯曾经说过："世界上有很多你不得不去做的事情，这就是你的责任。"同样，由于自己的错误导致的问题，也理应由你自己去承担。虽然你们这个年龄段的孩子普遍存在着自我约束能力差的问题，但是这并不代表着你们可以选择逃避。父母也不能包庇你们的错误，如果父母在这个时候帮你们善后无疑是间接地害了你们，甚至很有可能会成为你们以后逃避责任的最大帮凶。问题出现在所难免，谁又能保证自己这一辈子不犯错？每个人作为社会的个体，主观上判断并不会完全正确，所以绝对没有人可以保证自己不犯错。然而，一旦犯了错误，自己就应该勇敢面对，自己的错误自己扛。

永远不要指望别人来拯救自己，自己勇于承担和解决问题才是有担当的表现。每个人都会犯错误，即使是社会经验丰富的老者也会犯错误。我们知道，真正的成长和成熟，离不开犯错误，正是因为一边犯着错误一边改正，自己才会慢慢长大成熟。但是，并不是所有的错误你们都要

去犯，有些错误你们一旦铸成，就必须要自己去承担。

你们年轻人就像是一座随时都可能爆发的活火山，火山一旦爆发就会酿成巨大的损失。年轻人亦是如此，如果不能很好地控制自己的言行，大祸也终将酿成。做人做事都要有一定的底线，犯错可以，但是我们应该保证自己犯的错误尚不至于无药可救。人生旅途漫长，有了错误还得自己去面对。生活中错误是不可预料的，也是不可避免的。

有些错误可以帮助你们更好地发现自己的缺点，督促你们弥补自身的不足。如果你们犯了错，身为父母的我们不希望你们在错误发生后找各种的谎言和借口来逃避现实。因为无论什么情况下，对自己的错误进行掩饰是恶劣的行为。谎言是错误的最大帮凶，自己的错误自己去扛。不要总是在事情发生之后浪费太多的时间在找理由和借口，推卸责任等这些事情之上。我们更希望看到的是你有担当，勇于承担责任的一面，这样才能为自己赢得掌声和赞许。相反，如果你一味地遮掩自己的错误，只会让别人看低你。

那么，一旦错误铸成，你们应该怎样去面对呢？首先，你应该充分认识到，诸如年轻气盛等此类的借口是完全不应该出现的，错误就是要付出相应的代价，任何的搪塞和敷衍都是对自己的不负责任。其次，你们应该直面自己的错误，清醒和理智地去分析问题。理智的分析可以避免错误的再次出现，更能使自己少走弯路。世界上没有绝对完美的人，完美都是相对的，成长的道路上往往会付出一定的代价。犯了错误不可怕，可怕的是犯了错误之后自己逃避责任。不要让同一个错误重复出现，对待每一个错误都应该绝对的重视。

举个简单的例子，当我们用水杯盛水的时候，却因为自己的失误导致杯子破裂。此时的你应该怎么做？是自己后悔吗？如果此时的后悔有用那杯子能够复原吗？杯中的水可以重新回到杯子中去吗？显然这是绝对不可能的。杯子碎了，理论上来讲是不太可能有什么补救措施。但是我们可以在事情发生之后，先把杯子的碎片清理掉，这样可以避免误伤他人和自己。同时还要明白"覆水难收"的现实，认真地总结这次杯子破裂的原因，避免下次再出现同样的错误。努力承担过错，从中吸取教训，这样才是最佳的解决方法。

一次错误，我们可以说这是年轻必须要付出的成长代价。同样的错误重复出现，我们可以暂时归结为心理上不重视。但是，如果错误无数次的出现，那绝对不会有任何的理由再为自己开脱。年轻人总是害怕去承担责任，因为某种程度上来说，承担错误往往会和得到惩罚联系在一起。于是，很多人千方百计寻找借口来为自己开脱。掩盖并不能解决已经出现的错误，更不会减轻责任，所以你们更应该正视错误，承担责任。

我们都必须承认自己会犯错的可能性，千万不要害怕自己犯错。相反，我们未雨绸缪，全面地预测自己在哪个地方可能会跌倒，事前就减少自己犯错误的可能性。错误发生之后，也要想尽办法去弥补。人非圣贤，孰能无过；亡羊补牢，为时不晚。错误也是我们的人生道路上不可避免的挫折，不要把它当作敌人，而应看成是帮助自己成长的朋友。由于自己的失误酿成的错误，理应由自己去勇敢承担。把错误扛下来之后，再回过头来好好地反思，错误不应消耗你们的信心，反而更应该激发你们的斗志。

犯了错误就必须要自己担着，万不可随便迁怒于他人，责任是不能够被推卸掉的，错误却可以帮助我们成长。在生活中，每个人都会犯错，也都会有各种各样的责任，只有当你勇敢地承担起自己的责任之时，才会为自己赢得立足于社会的资本，才可能会大有作为。

第九章　为什么要逼着你结婚

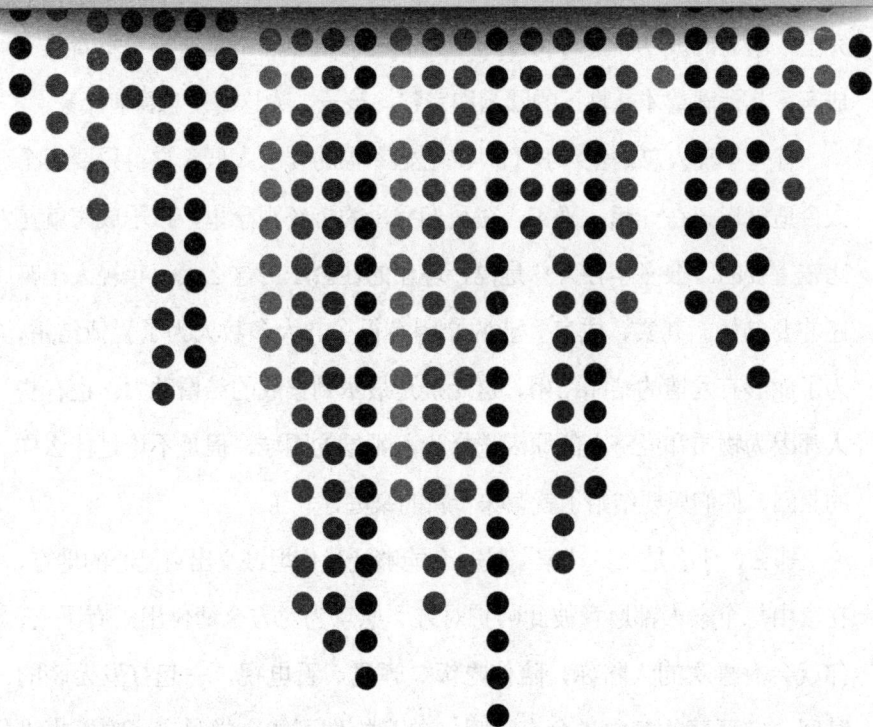

孩子，人这辈子总得有个家

咱们中国人有句老话"男大当婚，女大当嫁"，讲的就是人长大了就要结婚成家。现代社会虽然对待家庭和对待婚姻的态度有了很大的变化，但是在我们父母的眼里，每个孩子到了适当的年龄还是要成家立业。在老一辈的心里，"完整"这个观念是很重要的，人这一辈子怎样才叫完整？事业的成功就能称得上人生圆满吗？很显然不是这样，看着儿女成家，儿孙满堂才是真正的圆满和完整。孩子，人这辈子总得有个家。

有些年轻人总是觉得我们对待婚姻幸福的要求太低，觉得只要两个人合适就应该在一起。确实，在我们父母的传统观念里，孩子成家就是比较重要的。很多年轻人总是说，现在的社会压力这么大，年轻人干嘛还非要结婚。其实，成家立业的原因有很多。大多数人为了爱情结婚，为了能够有爱情的结晶结婚，这无疑是最水到渠成的结婚动力。也有些人却因为物质和经济上的原因选择步入婚姻的围城，但是不论是什么样的原因，你们只要结婚了就意味着新的家庭建立了。

那么，什么是家？"家"是一个能够让我们坦诚交出自己心的地方，在家中每个家人都愿意彼此呵护对方、愿意为对方全情付出。有了家，你就会有喜欢的人陪你，陪你吃饭、睡觉、看电视，一起打发无聊的时间，空荡荡的家中也会有温暖。单身的你可能会觉得自己吃饭也没什么大不了的，只要肚子填饱就行，可是两个人在一起的话更多的会追求生活的享受。如果结婚成家，你们可以拥有自己的小家庭，你们的孩子将会出生在这个温暖的家中，你们将会在这里孕育和培养一个新的生命，新生命的到来想想都是一件让人开心的事情。

在家中你可以忘掉外界的烦恼，家是个充满着爱意的地方。你可能会说，自己有家啊，这个家中有父母。可是亲爱的孩子，如果这句话在你们长大成人之前说是完全没有问题的，可是等你长大了你会发现：家还是那个家，可是却更像是父母的家。如果你硬要说自己只有父母这个家，也不是不可以。但是，你有没有想过，你的父母终有一天也会老去，只剩下你一个人的家还能叫作家吗？人这辈子，总得有个属于自己的家。

成家总是有好处的，我们为什么要成家？

女人为什么要成家？首先我们知道，这个社会的竞争是很激烈的，尤其是对女性来说要想独自生活是有很大压力的。结婚后的女人可以有个值得依靠和信任的人，这个人作为丈夫能够为她带来安全感。其次，女性结婚之后从经济上来说是有一定好处的，"养家糊口"自古就是男人的使命，相比较于男性来说，结婚后的女性在经济方面面临的压力要小得多。

那么，男人又为什么要成家？首先，男性成家之后，会有人从生活上很好地照顾自己，生活上的方便能为事业发展提供有力的保障，同时，结婚后的男性大部分都会在精神上有着责任感和归属感，自己的社会角色就会加强。其次，很多男性在结婚之后就有了来自家庭的压力，他们会知道自己的工作和奋斗为了谁。试想一下，如果一个人挣得钱再多，却没有家人替他消费，他的挣钱动力估计也不会很强。最后，男性相比较女性来说，更加要面临着传宗接代的家庭压力。

家庭是社会的重要组成部分，同时，我们大部分中国人也是把结婚成家作为此人成年的标志。成年人有哪些显著特征和标志？当然，首先

就是要有份工作能够养活得了自己，其次就是结婚和成家。我们这个社会，归根究底是家庭社会属性的存在，家庭是社会最庞大的基本组织。成家立业，承担起属于自己的社会责任，恐怕是社会对每个成年人的期待和要求。

有些孩子总是排斥成家，在他们的眼里"家"就是围城，锁住了自己的自由。没错，从感情和责任等方面来看，"家"确实是围城，围住的是每个人对感情的忠贞和独一无二。但是，家更多的是为你在奔波的人生中提供可以休息和停靠的驿站。你们总觉得结婚成家太折腾了，可是人生不就在于折腾么？

曾经有人分析中国人为什么重视成家立业，总结得非常好。我们中国人，从骨子里就有着集体和社会的责任感。成家是国人心中告别独立个体，融入集体的仪式，体现我们思想观念里比较保守的价值；而立业则是大部分的成年人在踏上社会之后，为了体现自己的社会价值想要充实生活的情结，这也能够反映出咱们国人内心的上进。

成家就意味着要担当起社会责任和家庭责任，现在社会中对待婚姻的态度虽然有所淡化，但也并不是完全漠视和忽略。任何的选择本身就意味着自己要有承担责任的后果，成家也是这样。无论现在或者以后的你们飞得多高多远，回过头来还是要回到属于自己的温暖的家。

成家会让你少了许多单身的孤单和寂寞，多出几分人情味的温馨和热闹。孩子，人这辈子总得有个家，有了家就会有爱的归宿。

你不结婚，我们就无法心安

现在有很多年轻人不愿意结婚，父母越催反而惹得孩子不愿意回家。你们年轻人总是说，干嘛要结婚，结婚多累啊。你们说，结了婚，就得承担起两个家庭的责任；结了婚，还得搞好婆媳之间的关系；结了婚，还要麻烦的养儿育女；结了婚，就要买房买车。你看，结婚确实很麻烦也很累，可是你不结婚我们父母就无法心安。

不愿意结婚，确实可以理解。不结婚你们挣得钱就可以自己花，"一人吃饱全家不饿"。心情不好了，可以没有后顾之忧地出门旅行几天。实在不行，还可以随时回到父母家里蹭吃蹭喝。不结婚确实有不结婚的好处，父母都可以理解。但是，你们的想法也仅仅只是站在你们的立场，你有没有想过父母的心情，考虑过爸妈的想法。

你不结婚，我们就无法心安。孩子，早点结婚吧，趁我们还年轻，趁我们还有力气可以帮衬你。你们结婚之后，我们还可以帮你们带孩子。独生子女的时代大背景下，要知道一对年轻夫妻是要面对四个老人的。如果你们不趁着父母年轻就结婚，等你们想结婚了，我们也老了。我们老了还不要紧，要紧的是到时候你们的负担是很大的。你们不仅要面对赡养四个老人的社会责任，还要照顾自己的孩子，那可真是"上有老，下有小"。早点结婚也有早结婚的好处，肩上的责任可以得到适当的缓解。

前一阵儿电视台针对"常回家看看"进入法律的社会热点进行街头采访的时候，采访过一位老大爷。老大爷表示年轻人在外打拼不回家是情有可原的，但是最应该进入法律的是"三十岁不结婚"。大爷情绪很激动地表示，三十岁不结婚才违法，该判刑！可见老一辈父母宁愿自己的孩子不回家看望自己，也是希望孩子能成家立业。

那么，你知道我们父母最大的心愿是什么吗？我相信绝大多数的中国父母是希望在自己的有生之年能够看到子女成家立业。这样，父母也就可以安心了。结了婚后，你们身边能有个人好好照顾你，我们也放心了。父母不可能陪你们走完人生之路，当我们离开后，我们真心希望你能够找个喜欢的人一起走下去。你结婚了，有人陪你了我们才能心安。

你们结婚了，才能真正担负起对自己家庭和对父母的责任。父母抚养你们长大不容易，你们要是能早点结婚就能让我们早点放心。早结婚早成家，早点找个能跟你一起奋斗的人。婚姻更多的是一种责任，能够彼此照顾好对方的父母，好好地过日子才是婚姻的真谛。"家"是什么？结婚不就是为了成家立业，人总是要学着自己长大的。父母在的地方是你的"家"，却不是能够永远属于你的家。父母终有离开的那一天，你们要构建自己的新家，在自己的家中学会成熟，逐渐地老去。

每个人总是要回归家庭的，"剩男"、"剩女"却成为了与时代不合拍的群体。他们或许有着丰厚的薪水、过着舒适的单身生活。的确，婚姻不是我们每个人唯一的社会价值，但在现实生活中，却是每个人都要面对的。人活着，不能只为了一时的满足，要为长远打算：有了一个家，在年老的日子里也好有个伴，儿孙绕膝，晚年也好有个着落。你还要多想想自己的父母，人活着，不止是为了自己。你还要多想想自己的父母，父母期盼着你们能够早点结婚，你们怎么忍心面对他们失望的眼神？父母期盼着你们结婚了却人生大事，你们怎么忍心父母为你们操碎了心。你还要想想社会赋予你们的责任，家是社会的重要构成，如果每个年轻人都不想成家，那整个社会岂不乱了套。

我们希望你能够早点结婚并不是说想要"包办婚姻"，我们把你们抚养成人，还是希望你们能够早点结婚好让父母安心，这样也能给我们一个安慰和交代。早点步入婚姻的殿堂也没什么不好，人生的幸福还是掌握在自己手中。现在很多年轻人总说自己被"逼婚"，可是仔细想一下，都是谁逼着你结婚呢？还不是自己最亲的人，而之所以希望你们能够早点结婚当然也纯粹是出于父母对你们的关心与爱。

你们讨厌父母的催婚，可是这也是希望你们早点结婚的真实写照。你们在外面打拼，我们希望你们能够享受到家庭的幸福。当然，婚姻是你们自己的事情，父母没有什么权利对你们的选择进行干涉。我们只是希望能够通过对你们的催促使你们不止关注自己的事业，还要花更多的心思在自己的人生大事上。我们愿意为你的婚姻提供人生经验的参考，你们恐惧婚姻，但是只要用心经营，美满幸福的婚姻并不是奢望，真正的婚姻就是应该彼此依赖，相互鼓励。

成家立业不是什么落后的封建观念，是我们父母对你们期待的初衷。当然，我们也不相信什么不结婚就不幸福的极端想法，我们知道单身也可以一个人过得很好。我们只是希望你们能够过得更好，婚姻恰恰是过得更好的一种尝试。我们愿意给予你们对待婚姻问题充分的尊重，也不希望用什么伦理道德来绑架你们，只是希望你们能够体会一下父母的心情。毕竟你们结婚了，我们才可以心安。

年轻时可能会草率地认为婚姻可有可无、可遇不可求，相反一个人却能活得更自在。等你们年纪大了你们就会后悔，一辈子那么长，自己的身边却没有能和自己扶持走下去的人。不想结婚虽然是你们的私事，

父母却同样非常关心，因为我们不想留下什么遗憾，从某种层面上来讲，不结婚也是很自私的。结婚吧，这样父母才能心安。

人不是为了自己而活着

一个人活着，不仅仅是为了自己，还得为了别人，因为我们是生活在社会这个大家庭里。曾经有个人感觉自己一生碌碌无为，就不想继续活下去，于是他来到了悬崖边准备结束生命。临死之前，他嚎啕大哭，向上天哭诉自己命运的不公和人生中遇到的各种挫折失败。他的哭诉被旁边的一棵小树听到，小树安慰他道："我也很倒霉，恐怕是这个世界上最命苦的一棵树。你看，我生长在岩石的缝隙之中，生存条件非常的艰苦，环境也很恶劣。不能吸收充足的水分和养分，还要整天遭受狂风袭击，看起来我很坚强，其实我也是生不如死。"

听到树的悲惨遭遇之后，此人也是深有感触。于是这个人对树说：既然这样，不如我们一起离开人世，不要再苟活了。可是树却说："我死了倒没有什么，可是我死了之后这悬崖边就没有树了，所以不能死呀。"那个人很不解，树就接着解释说："你看我头上的鸟巢，我死了之后，它们要去哪里筑巢呢？这么多年以来，它们一直在我头顶上繁衍后代。"那个人听了之后，若有所思，最后从悬崖边离开了。这个故事告诉我们，人活一世，不仅仅是为了自己才活着。

年轻的时候总是对生命理解的不够透彻，总是轻易地就想要放弃生命。年轻时候总是觉得等我白发苍苍了，就没有继续活下去的理由。正

值青春的时候不能理解我们为了什么而活，总是认为生命是自己的。然而，当你七八十岁了，那个时候你就要放弃自己吗？你有没有想过身边还有自己的亲人和朋友，他们也是你活下去的勇气。

有人说做人难，活着更难。当你们成家立业之后，你们就能够更加深切地理解活着的意义。你会发现每个人都会希望自己的亲人可以长命百岁，哪怕她老了之后不记得自己，记忆力衰退、行动不便，依然希望他们健在。如果你认为自己活着仅仅是为了自己，这是非常自私的。人活着哪能只是为了自己呢？如果我们只是为了自己活着，那你的父母就很有可能不会选择结婚，你也不一定会来到这个世界。一个人逍遥自在多好，何必为了家庭束缚了自己。可是你还有亲人，你还得考虑自己的父母。

圣贤孟子曰："穷则独善其身，达则兼济天下。"独善其身并不等同于活着只为了自己，除了自己还应该时刻顾及自己的父母和家人。人类是一种社会动物，每个人都要有自己特有的责任和义务。凡事不能只想着自己，为官之人更是要学会造福一方百姓，经商之人成功之后要学会反哺回馈社会，就连我们平民百姓辛苦操劳也是为了家人和自己的衣食无忧。为了你们自己，为了养育你们的父母，为了自己的家庭，为了你爱的人和爱你的人，我们每个人都要好好活着。

我们每个人活着都是被动的，当然生存下去也是我们活着的重要目的。然而，活着就要承担自己的责任，活着就是一种责任。为了爱你的家人，为了关心你的朋友，还有所有需要你关心的人。活着，是我们每个人不可推卸的责任。人活一世，哪能永远快乐，痛苦也是生活的一部分。不明所以地活着，是对自己人生的不负责。人生需要目标，活着也是我们每个人的责任，面对生活，我们应该积极向上。我们活着哪能只想到自己，每个人活着都要担负起属于自己的责任。等你们成家立业了，你们就会发现自己真的是上有老、下有小，还有很多知己和朋友，这些都是需要你关爱的人。任何一个妄想抛下这些，只为了自己而活的人都是自私到极点的人。

生命的存在本身就是一种智慧和奇迹，我们人类是最具有社会性的群体。所以，活着，也为了社会这个群体。人的社会属性要求我们必须要承担起一份社会责任，这份责任小到每一个家庭大到整个社会，都是需要去承担的。生命的分量是很重的，我们在出生的那一刹那，就会被社会深深地打上"责任"的烙印。你们不是只为了自己而活，在你们成长的过程中，父母有着太多的期望。你们长大之后，更要为家庭和亲人承担责任。

有些人遇到一丁点的挫折，就开始想不开，甚至有些人甘愿放下人世间的一切选择轻生。这是非常不理智的，你的生命是父母赋予你的，你不能轻易就选择放弃。对于我们父母来说，并不奢望你们会取得什么巨大的成就，父母觉得自己的孩子只要平安活着就是最大的安慰，哪怕是为了自己肩上的责任。如果你觉得活着没有什么价值，就想结束自己的生命，你们觉得这是一种解脱，却丝毫不去考虑自己的父母。你有没有想过，你的存在对父母有着巨大的价值。

你的生命饱含着父母的心血，你的生活也有着亲人和朋友的参与。人活着不仅仅只是为了自己，还有那些关心和爱你的人。生命宝贵最重要的前提就是自己可以活着，活着本身就是一种精彩。然而，生命的消逝总是在不经意的一瞬间，谁也无法预料到自己何时生命将结束。爱是一种支撑我们活下去的精神力量，有了爱，才让我们每个人认识到自己的责任。只有勇敢地选择了承担属于自己的责任，或许我们才能更加顽强地活着。人

活一世，如果有自己所爱，亦有爱自己之人，那么这无疑可以说是我们来
到这个世界上最大的收获，这样即使生命短暂也是值得的。

婚姻，不要迷信爱情

婚姻不是爱情，爱情可以仅凭两人的冲动来维持，婚姻却更需要细水长流和相濡以沫。婚姻生活里其实更需要男女之间相互沟通和彼此信任，真诚相待才能够相濡以沫。有些年轻人总是羡慕那些轰轰烈烈的爱情，却总是忘了婚姻需要脚踏实地。山盟海誓、花前月下也抵不过岁月静好的幸福婚姻，"执子之手，与子偕老""相濡以沫"方是婚姻的真谛。

琼瑶式的爱情固然会有，可是哪有所有的爱情都会一见钟情？万丈红尘里，更多的是普通人的朴实、平凡的爱情和婚姻。每个人都有着自己不一样的生活方式，对待婚姻的态度也是截然不同的。然而，婚姻也需要围城中的两个人去认真经营。再轰轰烈烈的爱情也会被婚姻磨光了棱角，再激烈的感情也会终归平静，相濡以沫的婚姻才是真正的感情真谛。

轻松浪漫的恋爱不是真正的婚姻，婚姻更像是一门艺术，需要夫妻双方认真的雕琢和精心的呵护。婚姻，不需要过度的激情，更需要彼此相濡以沫。风花雪月的浪漫并不能演绎成生活中的柴米油盐，细小的琐事终会让你变得朴实平静。有人曾经形象地用两颗带有棱角的石子比喻婚姻生活中的两个人，婚姻使得彼此之间的棱角逐渐磨去，棱角蜕变成浑圆。要想和朝夕相处的那个人守望，需要的是相濡以沫的相互支持。

相濡以沫的婚姻需要两个人在相处的时候学会坦诚相待，宽容才是婚姻长久之道。夫妻两人彼此眼睛里容不得一粒沙子的做法并不能将婚姻维持多久，真正夫妻之间的爱，是宽容。宽容能够修复婚姻生活中的问题，婚姻生活中，宽容比惩罚会更有效果。婚姻是如此漫长的过程，她需要彼此之间相互宽容和关爱，更要学会去信任。你未来的另一半，不一定会和你有着相同的人生经历，你们彼此之间的教育程度和成长经历可能相差迥异，爱好和世界观甚至也会各不相同。如果你们做不到相互理解和沟通，婚姻是很难长久继续下去。

爱情是什么？婚姻又是什么？爱情是不是婚姻的全部？为什么有些人能够爱得轰轰烈烈，却在携手踏进婚姻的礼堂后选择分道扬镳？又是为什么很多人将婚姻比作是爱情的坟墓？任何人都必须赞同，爱情明亮而又灿烂，它让每个人为之着迷，从某种程度上来看爱情确是让年轻人着迷。但是婚姻不一样，爱情的保质期很短暂，婚姻却不一样，婚姻需要用一辈子去牵手。爱情是易碎品，而婚姻则需要异常得牢固才能长久。

再灿烂的爱情也会被婚姻冲淡，仔细看一下你熟识的家庭，哪有夫妻经常把爱情挂在嘴边？再浓烈的爱情也会变成细水长流的亲情，相濡以沫的婚姻才能维持长久。婚姻生活中的双方，千万不要去追求和迷恋爱情。爱情至上，会更容易让原本稳固的家庭散架。迷信爱情也会使原本安然无恙的家庭破碎，很多已婚人士如果不被婚姻所约束就很容易会发生婚内出轨。谁也不能保证爱情只来临一次，谁也不能保证与自己结婚的人就是自己一生所爱。对婚姻缺乏忠诚的人会以彼此之间不再有爱情为借口选择离婚，新欢终究还会成为旧爱。除非你永远不结婚，或许你才会永远保持爱情的新鲜感。

爱情不存在的婚姻也是会有的，但是这些婚姻却不一定都会以离婚来收场。即使婚姻生活中的两个人彼此之间并不爱对方，但是感情却可以通过时间来培养。婚姻生活的维系需要感情，当然这种感情并不是固定的，爱情、亲情都是可以存在的，有了亲情之后的婚姻才不会孤单，才算完美。婚姻对男女双方要求更多的并不是虚无缥缈的爱情，而是真正需要承担的责任。没有责任只有爱情的婚姻不会持久，因为当有一天爱情离去，那么婚姻同样也会失去。

当然，你们要相信爱情的存在，因为爱情是婚姻产生的基础。爱情也是婚姻这所大厦能够平地而起的基础，但是千万不要去过于相信和迷信婚姻中的爱情。爱情不是万能钥匙，婚姻如果仅凭爱情来维持，总有一天会倒塌。很多人在结婚之前就过于迷信爱情，于是陷在爱情的深渊中难以自拔；但是却从不考虑这份爱是否能持久，因为在他们眼中只要有爱情就能有婚姻。可是，婚姻与爱情不一样，婚姻需要考虑彼此两个家庭是否契合，双方之间的条件是否对等。如果不对等，就会出现高攀和低就的情况。于是，当两个人真正生活在一个屋檐下之后你们才会发现，仅有爱情是不够的，因为爱情不能够当饭吃。面对切切实实的家庭矛盾和家庭纠纷时，再伟大的爱情也会变得徒有其名。

只有善于经营婚姻生活的夫妻，才有可能将爱情延续下去。如果妄想仅仅通过爱情来经营婚姻，那是非常不现实的。每个人对爱情的看法不尽相同，对爱情的认识也是千差万别。婚姻是爱情无法比拟的感情，它是每个人基本都要经历的人生阅历，婚姻更需要男女双方彼此的容忍和相互之间的扶持。如果你觉得婚姻很神圣，它确实是我们每个人都要仰望的神圣殿堂。如果你是个悲观主义者，那么婚姻或许在你眼中就是坟墓。千万不要盲目地迷信爱情，盲目的爱情会让婚姻变质。真正的婚姻，既要有爱情又不仅仅只限于爱情。

孩子是上天赐予的礼物

孩子是上天赐予我们的最珍贵的礼物，当你有了属于自己的孩子之后你才会感受到新生命带来的那种无可比拟的欢乐。有孩子的婚姻才是完美的婚姻，这份上天赐予我们的最美好礼物也使得父母的人生更加地完整。有了孩子之后，你的生活可能会发生很大的变化，但是每位新父母却很乐意应对这种变化。

当你真正有了孩子之后，才能够切实地体会为人父母的心情。你会觉得呆在自己孩子身边的每一分钟都很宝贵，从新生命孕育的那一刻起，一直到孩子长大成人，都是每个父母最珍惜的回忆。孩子什么时候学会了说话，什么时候学会了走路，这些父母比谁记得都要清楚。从某种意义上讲，孩子并不仅仅只是我们血脉的传承，更多的是我们生命的延续。孩子的出生，是我们生命完美的最好证据。

瑞典人普遍认为孩子首先是这个社会的，其次才是家庭的，强调了每个孩子的社会属性。然而，很多的年轻人却觉得连自己都还是个孩子，干嘛着急养孩子呢。越来越多的年轻人不愿意结婚之后有属于自己的孩子，"丁克家庭"这个概念逐渐被社会所熟知，更是成为年轻人的时尚。尤其是很多夫妻双方教育水平较高的家庭里，这种观念更是被很多人推崇。在我国，"丁克家庭"的数量也是在不断上升，尤其是九十年代以来，丁克家庭数量更是日益庞大。

　　为什么那么多的年轻人愿意选择成为丁克一族呢？或许你们中的很多人把人生看得太累，你们总觉得人生不算太长，精力永远是那么有限，要想事业和家庭双丰收是比较有难度的，你们不愿意花费更多的精力在养育孩子上。也有相当大一部分年轻人则觉得现在社会的压力太大，物价水平那么高，养活自己都是问题，更别说养个孩子，经济和物质条件都不允许等等。原因有很多，不过最终目的却是相同的，那就是不要孩子。可是你是否知道，这个选择是很让人遗憾的，孩子是上天给予每个人的最珍贵的礼物，如果轻易就去放弃，那真是最可惜的事情。

　　"丁克家族"作为一种社会现象，很难去评价它到底是利大于弊、还是弊大于利。但是，作为一项新兴事物，肯定是利弊皆有之。好处可能就是减轻了年轻人面对现在社会的压力感，生活的压力减少了，生活环境当然会有所改善。但是，在享受二人美好世界的同时，你在年老后可能就会面临着自己现在还体会不到的孤单和寂寞。如果年轻人都不想要孩子，都选择做丁克家庭，那么这个社会的老龄化程度肯定就会加剧，对整个社会的发展会造成很多不利的影响。

　　很多年轻人喜欢用工作忙来搪塞父母想要抱孙子的意愿，也有的年轻人认为生孩子和养孩子肯定就会耽误自己的工作，对自己的前途和事业发展产生很不利的影响。可是你有没有想过，事业不是一辈子的事情，总有一天你会退休。等你离开了自己熟悉的工作岗位之后，身边也没有孩子陪伴，你岂不是相当孤独？到时候，你会怎样来打发自己漫长而又无聊的时间呢？如果你看到周围的同龄人都早已经是儿孙绕膝，尽享天伦之乐，那你又是作何感想呢？

　　我们都知道，家庭是社会最基本的构成。那么你知道什么样的家庭才是最稳定的社会家庭模式吗？最稳定的家庭模式应该是上有老人需要

侍奉、下有子女需要抚养。而所谓的"丁克家族"和"二人世界"都不是最优的家庭模式，也不是相对完整的家庭结构。家庭结构是否完整，也是家庭稳定性最重要的影响因素。

当然，丁克家庭只是众多生活方式中的一种。每个人都有权利做出自己的选择。但是，并不是每位父母都具有年轻人的潮流观念，要知道我们国家数千年来"不孝有三，无后为大"的传统思想在很多长辈心中占据着重要的地位。每个孩子都是上天赐给人世间最宝贵的礼物，任何人都应该好好去珍惜。抚养孩子的过程很累却也是别有一番滋味，乐趣横生。

还记得那句广告词吗？"妈妈最大的幸福，就是看着宝贝大口大口地吃饭"，这句话道出了很多父母的心声。抚养孩子是一个过程，只有参与其中才能感受到这个过程的美妙。在你们抚养孩子的时候，可能会遇到各种各样的问题。换句话来说，每个人都不知道自己的孩子身上将会发生什么样的事情。这个时候，就要充分发挥父母的作用，孩子健康成长也是每位父母最想看到。在教育孩子的时候，我们也会从中收获良多。孩子的纯真和稚气也将会为我们的生活增添你现在无法体会到的乐趣，孩子的童真具有深深的感染力。

孩子是上天赐予每位父母的最好礼物，当你看到自己孩子灿烂可爱的笑脸之时，你会由衷地感到高兴。初为父母时，你们会觉得一切都是新鲜的，生活给了你们一个美好的措手不及。成为你们的孩子是孩子的幸运，而拥有这个孩子却是每位父母最大的快乐，因为孩子是上天最美好的礼物。

孩子是上天赐予人类最美好的礼物，每一个孩子的纯真无邪都值得我们好好去爱护。我们能给予每个孩子最宝贵的礼物就是让他们在充满爱的环境中健康地长大，同时，每位父母有责任照顾好孩子。每位孩子都是上天赐予我们的礼物，我们要学会好好去珍惜。

第十章 多么想听听你的声音

孤独比衰老更让我们可怕

你问我们怕不怕衰老？衰老给每个人的第一印象总是油尽灯枯，记忆力慢慢减弱，行动更是缓慢。老年人的生活在你们年轻人看来总是那么得单调无趣，行动不便不能随时做自己想做的事情，眼睛也花了、耳朵也不好使了，适应社会的能力也越来越差。千万不要嫌弃我们行动迟缓，因为你不知道我们曾经怎样耐心地教你走路；也不要嫌弃我们跟不上时代潮流，不会用电脑打字，因为你不知道我们在你小时候怎样教你不耐其烦地认字。然而，事实上我们并不惧怕衰老，因为衰老是每个人的必经之路，当一个人享受过年轻时的活力无限，就必须要同样面对年老时的无趣。对我们父母而言，比衰老更可怕的是孤独，是心灵上的孤单和无助。

央视曾经播过一则公益广告，广告的大体内容讲的是：急切盼望子女回家的老母亲，早早地准备好了一桌丰盛的晚饭。然而，没有等到孩子回家，仅仅等到了孩子的电话。因为自己总是有各种各样的事情，子女们总是选择放弃回家。等不到回家的孩子，画面上的这位母亲满脸的失望。相信她的伤心和落寞也会刺痛我们的心。广告的画外音是"不要让你的父母感到孤单"，这时候父母孤单的身影无疑透出了凄凉和孤寂。

你觉得这只是一则广告，而在我们父母的眼里，这却是最真实的写照。人这一辈子啊，从你们呱呱坠地的那一刻起，直至你们踏上社会。

可以说人生的大部分阶段，父母总是在参与其中。我们用尽青春岁月辛苦把你们养育成人，我们不奢望将来你们会取得什么大成就。但是，我们最希望的却是你们能够在我们年老的时候陪伴在我们的身边。你们长大了，我们却老了。

长大后的你们，为了自己的前途和人生，开始四处奔波操劳，情愿和不情愿你们都要远离这个家，远离自己的父母，甚至是远离自己的家乡。你们生活的重心转移到了自己的工作和学业之上，你们开始有了自己崭新的生活，而父母却不再参与其中。遂让你们远离，但是我们对你的牵挂却只会有增无减。父母守着家，希望你们什么时候能回家看看，但是父母却希望这个家能够给予你们失败时的鼓励和安慰、疲劳时的放松之地。

我们老了，衰老不足为惧，真正让我们父母屈服的就是孤单和寂寞。一辈子其实真的不是很长，一眨眼之间儿女早已经长大成人，我们也逐渐走向人生的老年时期。也许你们中的很多人总是认为，人生还很长，与父母相处的时间还有很多。可是孩子，你们的时间很长并不代表着父母的时间也很长。父母能够健在是件幸事，因为这样就可以有无限的时间陪伴在父母的身边。可是，时间却真的是最大的敌人，时间不等人。

好不容易父母等着你们回到家，你们很多人却依然像是风筝一样往外飞，本来在家时间就不多你们更愿意往外跑。父母的唠叨或许是让你们烦，但是你们也要体谅自己的父母常年没有孩子陪伴的那份寂寞。这份孤独使得我们总是急切地盼望能够看到你们的身影，听到你们的声音。很多年轻人总是在踏上社会之前暗自发誓，毕业之后有了时间有了钱一定要回报自己的父母。但是，事与愿违，工作之后时间恰恰成了最宝贵的东西。于是，你们开始对父母说，自己的生活工作压力实在是太大，没有时间陪着父母。你们要工作、你们要挣钱，你们要成家立业，你们

总拿繁忙为借口，忽略父母孤独地老去。

人老了，孤独是多方面原因造成的。首先，年老退休之后，工作不再成为生活的重心。习惯了充实的工作生活，闲下来忽然之间很难适应比较慢的生活节奏。大部分的老人开始觉得无聊，不知道用什么来打发自己的时间。其次，回家看看，子女忙于工作没空顾得上父母，身体上的疾病和死亡的来临更是加剧了孤独感。我们父母也理解，孩子们太忙，无暇顾及自己也是可以理解的。然而，不管你理解不理解，孤独和寂寞还是得自己独自一人去面对。

我们如今这个社会，人口红利已经基本上逐渐消失，整个社会都要面临的一个重要问题就是前所未有的年龄阶层严重老龄化。老有所养，老有所乐在大多数的老年人眼里却不是那么简单的一件事。中国第一批独生子女早已成为社会的中流砥柱，而他们的父母却在渐渐地老去。唯一的孩子选择外出闯荡，家中的两老成了"空巢"老人。

相比较于衰老，我们更害怕孤独。孤独让我们感到不开心，更无法给衰老的我们安全感。身体上的衰老再加上心理上的孤独无疑是老年父母最可怕的一件事情。美国有调查研究发现，我们人体的孤独感其实会增加压力激素的分泌，这对人体的健康也是有害的。孤独更有可能会引起老年孤独症和抑郁症。孤独感会加剧衰老的进程，孤独其实是我们最可怕的敌人。孤独是心理疾病的温床，帮助自己的父母摆脱孤独和寂寞是每个子女应尽的责任。如果你实在没有太多的时间来陪自己的父母，那么就多鼓励一下自己的父母去参加社交活动，鼓励自己的父母多与其他老年人交流，学会自己给自己找乐趣。

父母愿意等，可是却不一定能等得起。时光总是那么的残忍，你再怎么努力也熬不过时间的父母的年老。未来很长，未来的路上却不一定有父母相伴。趁现在，趁父母还健在，趁一切都还来得及的时候多陪陪爸妈吧。陪父母看看这个变化飞速的世界，看看大千世界的精彩。比起衰老，父母更害怕的是孤独。衰老和死亡不足惧，孤独才是最可怕的，因为孤独使自己与整个社会剥离开来。

我们要的不只是钱

有句话说得很好："生活中钱是永远挣不完的，而我们的亲情却不会等到你富有；工作是干不完的，孝心却不会计较你的成就；事情是忙不完的，回家的路不会原谅你有更多的理由。曾经有人把父母这一辈子的付出用数字量化过，从孩子出生一直到大学毕业找工作，他们通过调查得出结论，每个孩子要花掉父母平均四十万元的金钱。有人说，这四十万元要想归还给父母，自己至少要用十几年的时间。这笔账算得很实在，但是要知道父母花费这么多来养育我们，其实并不仅仅只是为了日后我们再用金钱来回报他们。

很多孩子在自己成家立业之后，生活基本没问题，也不再需要跟自己的父母伸手要钱。甚至有些有心的孩子，开始尝试着努力给父母更多的钱来回报他们。可是，即使是把父母抚养自己长大的钱全部甚至加倍偿还了，对我们的父母来说又有多大的意义呢？难道父母把你们培养长大，就只是为了金钱吗？如果你们有这样的想法，完全就是对父母亲情的一种亵渎。我们不是想要你们的钱，为你们付出再多也心甘情愿。我们更加看中的是你们，我们不在乎以后你给我们多少钱，因为所有的一切与你相比都是微不足道的。

我们不需要你们给我们太多的钱，再多的钱也只是身外之物，钱多钱少照样可以过得很好，我们只是希望你们能够多陪伴在父母的身边，有一颗了解父母的心。近七成的父母更是希望孩子长大之后能够放下手中的工作，多陪陪自己，哪怕就是陪自己吃一顿饭，看一会儿电视，父母也会心满意足。

有些孩子总是会在父母生日或者是母亲节、父亲节的时候纠结自己该怎样给父母过节，其实我们父母真不在乎你们的物质礼物，不论怎么过节只要身边有孩子陪伴就是最好的礼物。所以，你们也不用过分地看重自己该买什么礼物，你们就是父母最宝贵的礼物。试想一下，生活之中哪有比你们更珍贵的？你们如果能做到与自己的父母彼此坦诚信任，这也是每位父母所期待的。

希望你们能够花更多的时间在我们身上，而不是更多的金钱。金钱买来的东西却不一定是我们父母真正想要的，工作闲暇之余抽出时间陪我们唠唠嗑是每位父母比钱更看重的心愿。我们也不缺钱，钱多了就多花，少了就省着点花，金钱永远没有够用的时候。我们也不缺什么东西，缺的仅仅是你们的陪伴。你们平时工作太忙了，你们都没有什么时间想起自己年迈的父母。尤其是你们在成家之后，有了自己的新家需要去惦念，更是很难真正想起我们。你们有了孩子，时间和精力更是放在了自己孩子身上。

你们相比较于回家陪伴年迈的父母，更倾向于带着孩子到处出去走走，你们更愿意把时间花在与自己的孩子培养亲子感情上，哪里还会记起家中还有需要你们慰藉和陪伴的父母。我们不缺钱，与其说是希望你们花钱买什么礼物，我们更希望你能够抽出时间陪着我们出去看看，感受一下外面的世界。没有什么比得上陪伴更重要，这种陪伴不仅仅是形式上的陪伴，更是心灵上的陪伴。父母老了，需要你们的关爱和关心。

当你们养育自己孩子的时候，不用别人提醒你们也愿意花费十倍几十倍的耐心。这个时候的你们也不会把自己的工作太忙当作拒绝抚养孩

子的借口和理由，不论什么时候，自己孩子的事情永远总是首位。然而，成年后的你们在赡养自己父母的时候，健忘的你们却又总是用这样或者那样的借口来搪塞自己的父母，工作很忙又开始成了你们的好借口，你们总是无情地让自己父母的期待落空。

当你们小的时候，我们愿意花大把的时间、精力，耗尽自己的一切来陪伴你们成长。长大后的你们是否也愿意像父母小时候那样，牵起父母的手，陪在父母身边和他们一起慢慢变老？钱不是万能的，金钱和物质买不来亲情，买不来真心。亲爱的孩子，我们需要的也不仅仅只是钱，我们更需要你们的陪伴。能够提供丰厚的物质条件固然是爱的一种体现，然而却绝对不会是切切实实的爱。花费一些时间来陪伴父母，这才是父母想要的。

表达孝心的方式有很多种，哪种孝心最好很难评价，但是金钱和物质上的补偿绝对不会是最好的方式，真正的孝心应该是能够给予父母最需要的东西。在我们父母的心里，儿女能够多陪伴在身边，才是最好的尽孝方式。不要总是每年回家一两趟，除了过年过节，只要自己能抽得出时间就多回家陪陪我们吧，即使没有多少钱，只要看到你我们父母也会很开心。我们不看重你给我们多少钱，最需要的是你在身边的陪伴。

带着孩子，常回家看看

"常回家看看，回家看看，哪怕帮妈妈刷刷筷子洗洗碗……"多年前的这首《常回家看看》唱出了父母的心声，也唱到了我们每个人的心坎里。不管你年龄有多大，每次听到这首歌时是不是也会感慨万千，感叹自己陪父母的时间太少。趁还来得及，有时间就带着孩子常回家看看吧。

前不久国家刚刚修订了《老年人权益保障法》，权益法中就新增加了一条"常回家看看"。"常回家看看"成为法律内容，无疑也对如今很多子女敲响了重视父母的警钟。然而，虽然入法却不一定会改善现有的社会现状，依然有很多的父母无法见着自己忙碌的孩子。社会上甚至曾经一度兴起了"代看老人"的服务，花钱请人代替自己去看望父母，陪父母聊天，这算什么尽孝心？父母想要的其实很简单，多看看你。如今的物质生活不匮乏，父母也不需要你们给什么物质上的帮助，只是希望你们能够在工作之余多抽出一点时间陪我们聊聊天，这才是我们真正想要的。子女常回家看望父母本来就是天经地义的，哪里需要法律进行约束。你们不管再怎么忙，也应该多回家看看老人。

北京昌平的一位老人成为首个状告自己女儿不回家探望自己的老人，这起案子在全国也是比较少见的。法院受理了这起案件并且判定老人的两个女儿每月必须要去看望自己的父母一次，这种法律强制之下的

看望无疑是打折之后的孝心。我们需要孩子常回家看看，但是更希望你们是怀着对父母和家的依恋回家。如果仅仅是被强制表达的爱心，意义将大打折扣。仅仅依靠法律的制约并不能解决这个问题，发自内心真实的孝心才是我们父母最想看到的。

曾经有相关机构对老人的精神状况进行过调查。调查结果发现，在我国如今的社会中，超过 30% 的老人面临着精神上的问题，他们中的很大一部分人都在遭受着老年痴呆、老年抑郁症等疾病的困扰。同时，一项专门针对中年人的研究也指出，六成的中年父母认为自己的孩子对自己的重视度不够，也不够孝顺。而年轻人中的 80% 则更是坦言自己缺少时间或者金钱去看望父母，城市化进程加快使得许多的年轻人远离故土、远离父母。我国六十岁以上的老年人口已经接近了两亿，这个数目是非常庞大的。这其中，空巢家庭也达到一半，这些空巢家庭的父母，一年之中很少有机会见到自己的孩子，他们的精神极度空虚。

你们总是有那么多的借口，工作永远是那么的忙碌。父母哪里会忍心自己拖了子女的后腿，于是，大多数的父母会在电话里违心地告诉孩子自己很好，不要担心。为了让你们能够放心地工作，自己却不得不独自面对内心的孤单和寂寞。事实上，很多时候你们工作忙没有时间回家看望父母，却总是会有时间和朋友聚在一起。我们也知道，你们年轻人需要自己的社交，你们需要娱乐，需要陪朋友。可是父母难道就不需要你们的陪伴吗？你们就不能抽出一点点时间来陪一下父母吗？

工作再忙不是什么万能的借口，只会是你们麻痹自己和父母自我安慰的理由。工作很重要，亲情却更加重要。在我们的人生中，亲情的排序是不是应该高于事业呢？人的一生，至亲不会太多，及时地行孝恐怕才是真的孝顺。"树欲静而风不止，子欲养而亲不在"，恐怕是这个世界上最残忍的事情。如果不好好珍惜现在的机会，如果有一天父母真的离开了你们，那个时候，工作忙在内所有的理由，也不能安抚你们的遗憾和内疚。趁着父母还健在，趁着时间还允许，多陪陪我们吧。每个月抽出那么两天的时间，带上自己的孩子，回家看看爸妈。

你们为什么不愿意回家？或许是因为你们不愿意忍受父母的唠叨。你们讨厌爸妈总是絮絮叨叨地催着自己去结婚，催着自己去相亲，催着自己去要孩子；你们厌烦父母总是"东家长西家短"地跟你们倾诉；你们不喜欢自己的生活里总是离不开父母。但是，你们真正应该做到的其实是接纳父母、体谅父母。父母永远都是那个最担心你的人，所以我们唠叨你；父母永远是那个最信任你的人，所以我们愿意把一些事情都向你倾诉。尽管有时候父母的表达方式会让你们厌烦，但如果你们不耐烦地嫌自己的父母烦，只会深深地伤害父母的心。

作为子女，难道不应该抽出更多的时间去看望父母吗？实在不行，就多打几遍电话，用电话慰藉一下父母的孤独和寂寞。我们希望你们能够主动跟我们沟通，我们也乐意知道你们在外面的生活怎样，希望通过你们的描述让我们更加了解你们的近况。你们也多关心一下自己的父母，鼓励他们多参加为老年人举办的活动，让他们不要空巢还空心。如今大部分的社区中，都会有专门针对老年人的文娱活动。这个时候，就要多多鼓励他们去参加。

当你还在外面的大城市中打拼，与自己的父母无论在距离还是心灵上都在渐行渐远的时候，你是否还记得那个在背后默默支持鼓励你的父母，你是否意识到他们正在一天天地老去。你们长大了，我们却老了。家是世界上最温暖的地方，有家的地方才有父母。如果你们选择远离父母，远离这个家，那么，也希望你们能够工作之余多抽出时间，常回家

看看。父母老了，不要让他们连见你们一面都成了奢望。每位父母都希望自己的孩子能多回家，常看看他们。下一个周末，你是不是会带上孩子，回家看看父母？

好久没听到你的声音了

好久没有你的消息了，你一个人在外面还好吗？好久没有听到你的声音了，好久没和你说说话了，你已经太久没有给父母打电话报平安了。你们只身在外漂泊，过得还好吗？父母也想主动给你们打电话，却总是怕自己会耽误你们的工作，却总是会怕自己让你们担心拖了你们的后腿。

早已长大成人的你们或许没有什么感觉，年少的时候你还那么的依赖自己的爸妈。可是如今，随着时间的流逝，你们在精神上已经与父母离得越来越远。年龄的增长，也使你们在物质上都不再依赖父母。相反，父母倒是开始逐渐地依赖你们，不止在物质上希望你们资助，更是希望能够精神上得到你们的慰藉。父母总是在尽自己最大的努力向你们靠拢，希望能够拉近与你们之间的距离，而你们却有意无意间与我们保持距离。

你们长大了，你与我们之间的相处模式也开始进入了新的模式，亲子距离的疏远使得父母和子女之间的沟通越来越困难。你们总是抱怨自己的父母不能理解你，但是希望你们还是要多跟爸妈沟通交流。你们总是借口自己跟爸妈没什么共同语言，你们抱怨通不通话没什么两样。因为与父母的通话每次都是那么几句话，"你在哪呢？"、"吃饭了吗？下班了吗？"、"有什么事情吗？"、"最近怎么样？"。每次都是那么几句话，

每次相互之间沟通不了几句话就会冷场。你们不喜欢父母的问题，父母也不知道该怎样跟你交流。

子女与父母之间的通话，并不仅仅只是为了相互之间的倾诉。我们必须得承认，你不一定会对我们父母讲的事情感兴趣，你们这个年龄哪里愿意去听什么家长里短和鸡毛蒜皮的小事，因为你们觉得这些事情不值一提。可是父母每天就要跟这些小事打交道，所接触到的也是这些，所以，你们应该理解自己的父母。我们不期望能够与你们有多少共同语言，我们只要听到你们的声音就好了。我们也想随时给你们打电话，但又怕你们忙，不太方便。我们很想念你，想要听一下你的声音，只要知道你过得很好，我们也放心了。

对于爱你的父母来说，他们很想多听听你的声音。但是，每次你们在电话中总是显得那么匆忙。你们总是把与父母之间的通话当作每周或者是每月的必要任务来做，你们火急火燎地报个平安，然后就想赶紧挂掉电话，你们更多地想要去做自己的事情。挂掉父母的电话后，等待你们的其实并不是什么异常重要的事情，说不定还仅仅只是一场与朋友间无关紧要的约会。但是，你却很难体会到，身为父母每次在听到通话结束的"嘟"声后，我们会有多么的失望，因为我们非常渴望多听一会儿你的声音。而就连这个最简单的愿望，有时候却会变得如此的奢侈。

你们了解自己的父母吗？你们知道我们喜欢什么、在意什么吗？如果你们知道，也不用担心没有共同语言了。孝顺父母得用心去做，如果你不愿意去了解自己的父母，那肯定就不会有什么共同语言，毕竟年龄存在差距。多给父母打个电话吧，哪怕说的都是些无关紧要的话，虽然彼此之间不一定能见得上面，但只要能听到你们的声音，父母也是开心的。能够陪伴在父母身边，让父母享受到天伦之乐，固然是每个子女都想要的最和谐的画面。但是，不可否认，这种天伦之乐必须要牺牲掉太多的个人时间。时间对于竞争激烈的如今社会来说，宝贵程度不亚于金钱。

你们的童年，父母还很年轻，时间还不是父母最大的敌人。父母把自己的一辈子都用在了养育你们身上，我们心甘情愿地付出着属于我们的一切。即使你们可能会惹父母生气，但是对你们的爱却丝毫不会有所改变。繁重的工作和家中琐碎的事务都不能吞噬我们对你的爱，但是时间却是无情的。生活的操劳使得我们的青春早已经一去不回，白发苍苍的父母深切地感受到内心的孤独和寂寞。父母老了，到了关心我们的时候了。请你们不要那么自私，吝啬地对待为自己付出一切的亲人。我们只是想多听听你的声音，我们只想好好地多看你几眼。

我们老了，保守估计一下，如今你们也已经接近成年。假如父母还能够再活上三四十年，而你每年也只不过回家一趟，每次回家也只有那么几天时间。更何况你们每次回家还要应酬老朋友，真正能够呆在父母身边的时间也不过短短那么几天。好好算一下吧，你接下来一辈子又能有多少时间会陪伴在父母身边呢？

哪怕代沟越来越大，哪怕共同语言和共同话题越来越少，也多和我们聊聊吧。我们只是想多听一下你的声音，如果你愿意我们也愿意成为你最忠实的听众，无论是你的忧伤还是你的欢乐，我们都愿意和你一同分享。岁月在不经意间流淌，却同时也让你们成长，岁月染白了我们的头发，无情地把我们催老。作为儿女，再忙请你也别忘记了常回家看看自己的父母，哪怕是不能回家，哪怕只能通过电话也要多陪父母聊聊天，让老人不要在孤寂中度过自己的晚年。

向我们倾诉你的烦心事

我们都知道，倾诉是排解内心不快和负面情绪的最好方法。青春期后的你们会遇到各种各样的问题，你们要学会疏解自己内心的抑郁。作为父母，我们愿意倾听你们的内心，向我们父母倾诉自己的烦心事吧。让父母真正了解你的真实想法，我们愿意走进你的内心。有些孩子会说，父母有父母的世界，没有哪个父母的世界会一直围绕着自己的孩子；每个孩子也有自己的交友圈，孩子也会有自己的知己，不用选择父母作为倾诉对象。没错，你们有着自己的好友圈，但这并不妨碍父母倾听你们内心的烦恼。

向我们倾诉你的烦心事吧，我们会做忠实的"树洞"。不可否认，我们两代人之间可能会存在着思想和观念上的差距，但这并不影响你我进行交流，作为父母，我们也很愿意看到孩子把我们当成是好朋友，并且主动向我们倾诉。要知道，孩子如果愿意对父母倾诉自己的内心，这是对我们父母的一种很宝贵的信任。

你们长大了，生活、学习和工作上开始遇到各种各样的事情，一时之间很难找到值得信任的人去诉说是很正常的。但是，千万不要盲目地选择自我消化，更不要选择憋在肚子里，这样的话负面的情绪很容易会累积。如果不能很好地得到情绪上的宣泄，会严重影响你们的工作和生活。所以，我们应该认识到，倾诉可以达到两个很好的作用，首先就是可以宣泄出自己的情绪。其次，还有一点，向自己的父母倾诉也许能够帮助自己找到解决问题和调节心情的好办法。我们父母毕竟人生阅历比你们要多很多，所以有些时候也会根据自己的经验积累给你们不一样的解决方法。

家庭永远是你们最温暖的港湾，父母也永远是你们最值得信赖的人。当你们取得了什么成就的时候，父母也很愿意和你们共同分享这份成功的喜悦，你们的成功要比我们自己的成功更有意义。然而，事实往往是残酷的，曾经有份调查研究发现，将近80%的孩子不愿意选择父母作为自己的倾诉对象。这确实是让父母比较沮丧的消息，但是原因当然也是我们可以理解的。你们可能会比较顾及自己和父母之间没有什么共同语言，你们也可能会担心自己的倾诉会让我们难以安心，你们同样可能会比较希望自己报喜不报忧。

好在，调查研究也同样指出，超过一半的孩子不排斥并且愿意向自己的父母倾诉。但是，你们总是有所顾忌不能和父母畅所欲言。于是，你们中的更多人选择身边其他的朋友代替了自己的父母。很多孩子在与我们父母交流的时候甚至会感到拘谨和不够自由，有很多的话题也是难以向父母启齿。换句话来说，大部分的中国子女更愿意和父母分享自己的快乐，却很难和父母一起分享烦恼。

美国也曾经做出过相同的调查研究，研究结果发现那些更愿意把生活中的日常向父母倾诉的孩子，生活品行上会更加端正，这些孩子很少会出现因为某些烦恼沾染上恶习的现象。所以，我们希望你们能够静下心来和我们促膝长谈。我们愿意做一个好的听众，父母老了，不会强求你们去做什么事情。如果你们愿意倾诉，父母会是一个不错的选择。不要认为父母是很奇怪的倾诉对象，对于父母来说，我们很愿意更加了解和认识属于你们的一切。

在你们想要倾诉的时候，完全可以不把我们当成你们的父母，如果你们愿意，可以把我们当成值得信任的长者和朋友。我们可以在一起下下棋，聊聊天，如果你觉得气氛还不错，那么我们很乐意听到你的倾诉。你可以跟我们说说最近学习又有了什么困难，生活中又出现了什么困惑，与自己工作中的领导和同事相处有什么烦恼。当然，所有的这一切，我们都只是随便聊聊，千万不要有心理上的压力。

当然，如果你们愿意征求我们的意见，我们也是很乐意做你们生活的顾问。我们愿意通过自己的细心聆听，凭借自己生活经验的积累，帮助你们做出更好的选择。这一切都是在你们自主选择的前提之下进行的，我们并不会通过给你们提供意见来绑架你们的选择。你们愿意自己怎样做决定是你们的自由，我们父母没有权利去做过多的干涉。如果你们愿意听取父母给予你们的意见，这自然是最好的。如果你们不愿意，我们也不会过多强求。如果你们觉得自己开不了口，可以先把疑惑或者问题写下来告诉我们，如果时机成熟，我们愿意跟你们一起来解决。

父母愿意去倾听你们的内心世界和真实感受，只要你们愿意，你们随时可以向我们倾诉。情绪是可以透过言语这个途径真正做到与父母分享和交流的。我们也相信，只要自己多去倾听你们的内心感受，我们彼此之间的距离也一定会拉近。你觉得我们的观念落后，我们愿意倾听你们新时代年轻人的潮流思想。我们也愿意随时跟上时代的潮流，我们才是你最熟悉的人。每一位父母都是关心自己孩子的，每一位父母也愿意与自己的孩子进行沟通交流。

年少的你们总是愿意什么都跟父母说，你们生活中有了什么烦恼最先想到的倾诉对象也会是自己的父母。随着年龄的增长，我们在你们心目中的倾诉欲望逐渐降低，或许当你们把自己朋友圈中的朋友想了一遍，最后才会轮到我们。对于我们大多数的父母来说，看着你们慢慢长大，能够慢慢地了解你们也是一种幸福。所以，如果你有什么烦心事儿，放心大胆地向我们倾诉吧，我们很乐意做一名最忠实的听众。

我们其实跟孩子一样幼稚

你们是孩子，可是父母老了之后也会变得跟小孩子一样。我们正在逐渐地老去，年轻人的世界我们越来越不懂。父母老了，越来越与这个飞速变化的世界脱轨。我们越来越不理解你们，逐渐老去的过程中总感觉自己被时代所抛弃。父母老了，可是我们其实就跟孩子一样幼稚，希望你们像小时候我们对待你们那样，多一点耐心。

小时候，我们给你们买件新衣服你们会欣喜雀跃；我们老了，你们给我们买新衣服的时候，我们也开始高兴好久。小时候，爸妈总是用各种理由来教育你们；等我们老了，你们也开始学会了"教育"父母。小时候，你们愿意听我们父母的话；等我们老了，我们也开始逐渐学会依赖你们，愿意听你们的话。

随着年龄的增长，人就会越来越像孩子一样幼稚，所以才有了"老小孩"这个词语。"老小孩"在医学上也是被验证过的，医学证实父母和孩子是有很大相似性的。随着年龄的增长，生理上的变化使得我们的身体大不如前，记忆力也变差了，听力不再敏锐，视力也开始下降，身体各部分机能不再健全。年老的我们慢慢地丧失了很多生存的基本能力，于是，我们不得不仰仗自己的孩子。人老了，难免会孤单寂寞，难免就会期望自己的孩子能多陪伴在自己身边。父母就像是小孩子，需要你们去"哄"。尤其是父母老了的时候，你会发现，原来自己的父母也会斤

202

斤计较，他们也会耍脾气。

不管是小孩子还是老小孩，都是孩子。孩子本身就是需要整个社会关爱的群体，所以，对待已经步入老年人行列的父母自然也要像对待孩子一样去关爱他们。如果我们用一张白纸来比喻孩子，那么你们的父母就必然是一本厚厚的图书。因为父母有着更为丰富的社会经验和人生阅历。人啊，随着年纪的增长，其实是越需要得到外界认同的。

我们其实跟孩子一样幼稚，也希望自己的孩子能够讨自己欢心。父母辛辛苦苦拉扯大孩子，如果你们能够给予爸妈适当的理解和关心，就是父母最大的幸福。有些时候，明知道你们讲的是哄我们开心，我们却依然甘之如饴。有时候你们不经意间的一句真心实意的夸赞甚至是哄我们开心的话也会让我们高兴好久。

"爸（妈），你一点也不老，可年轻了"，每位父母听到这样的话都会高兴，明知道这样讲是为了让自己高兴。四五十岁的人了，怎么会不显老呢，只不过是子女为了安慰自己而已，可是我们就是喜欢听，我们也宁愿选择去相信。因为父母其实也像孩子一样幼稚，我们也需要被鼓励和称赞。

我们像孩子一样的幼稚，我们也像孩子一样需要你们来"哄"。你我之间两代人的隔阂是越来越明显，时代的代沟也让我们的观点很难达成一致。小时候，爸妈哄着你们开心，现在，你们开始"哄"我们高兴。很多人会抱怨，为什么两代人之间的关心就是处理不好。那是因为，彼此之间不能够好好地哄哄对方。

我们老了，免不了就会在你们面前唠唠叨叨。有时候还会搬出自己的前尘往事，父母也是很幼稚的，因为父母也想得到你们的认可。可是，这个时候很多孩子难免会不耐烦，你想啊，好多事情被父母提了很多遍，不烦也是不可能的。但是，我们就是这么幼稚，我们也想通过一遍遍的

诉说让你们知道自己的过去也是很辉煌的，我们也希望能够得到你们的肯定。

有些孩子不屑于拉下脸哄自己的爸妈开心，他们觉得这些都是虚情假意，明明就是谎言却偏要去讲，不是假意是什么？但是，在我们父母的眼里，你们讲的每一句话都是对我们的肯定。有时候我们其实对子女也没有多大的要求，只要他们能够多关心一下、多哄一下自己那个要面子的父母，我们就很高兴了。小时候，爸爸妈妈为了让你们开心使尽浑身解数；现在，你长大了我们老了，也希望你能够让我们绽放出同样的笑容。

我们也很幼稚，我们也需要被你们"哄"。其实我们的要求也不会太多，只希望你能够抽出那么点时间能和我们交流一下。你的一通电话就能让我们高兴很久，我们的喜怒哀乐也想和你们一起分享。我们也很幼稚，我们也需要你们来陪。如果你愿意每隔一段时间就能陪我们一起做某件事，那就是再好不过了，我们可以一起出去旅游，一起出去吃顿饭，不管是什么，我们都很希望得到你们的陪伴。父母也很幼稚，我们也会冲动，有时候孩子般的冲动会使我们之间的关系变得比较僵，这个时候就需要你们能够谅解我们，甚至"哄哄"我们。

孩子，我们其实也很单纯很幼稚，我们也希望你们能够适当地哄哄我们，就像小时候爸妈哄你们开心一样，我们也希望能够不再孤单和寂寞。没事就多打打电话吧，我们也像小孩子一样怕被你们遗忘。让我们时刻知道你们的近况，这样我们才不会每天提心吊胆。父母像孩子一样幼稚，也像孩子一样单纯，我们的愿望其实很容易得到满足。

第十一章 孩子，请你理解我们的心

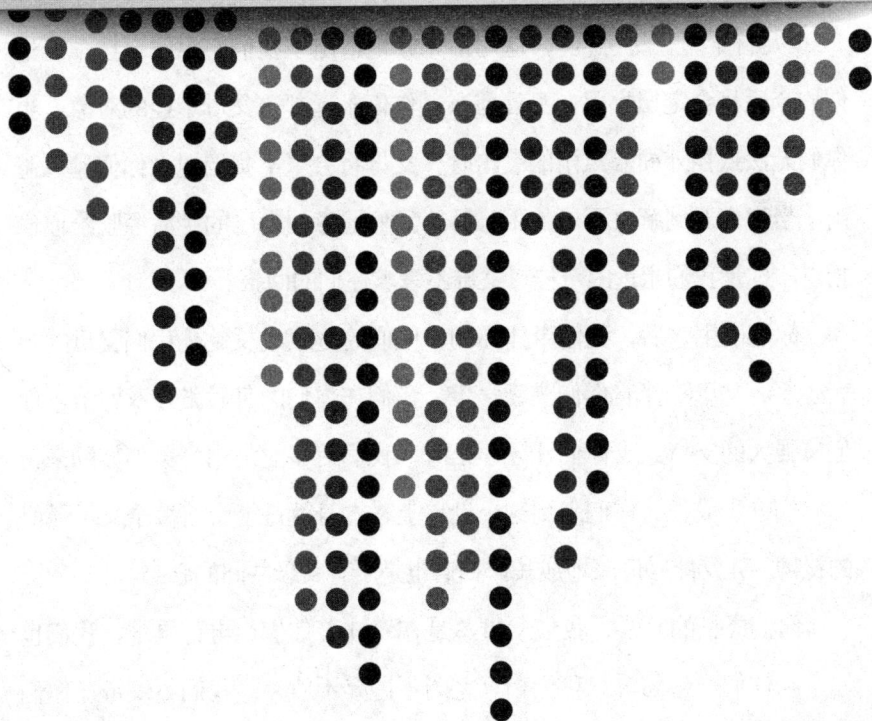

儿女是父母永远的牵挂

时光荏苒，转眼之间你们从不谙世事的少年长大成人。外面的天空很广阔，你们迫不及待地想要离开父母的身边自己去外面闯荡。然而，你们在外面却总是让我们牵肠挂肚。无论走到哪里，你们在父母的眼里永远是个没有长大的孩子，你们也是我们父母永远的牵挂。

"儿行千里，母担忧"，这句话充分地道出了我们心中的牵挂，无论你们今后将会定居哪里，身处何方，你们永远都是父母牵挂的对象。当你们无法抵挡外面暴风雨的袭击时，父母将会毫不犹豫地为你们遮风避雨；当你们遇到解决不了的困难时，我们愿意用自己的生活经验给你们指点。你是我们永远的牵挂，父母不奢求你们的回报。

你们出生之后，我们牵挂你们。你们的健康成长更是我们父母的最大心愿。父母陪伴着你们蹒跚学步，我们在你们的身后张开双臂给予你们最强大的支持。当你们牙牙学语时，我们更多的是用赞美和鼓励来帮助你们进步成长。你们来到这个世界上，本身就是上帝给每个父母最好的礼物。儿女能够健康地成长，相信也是所有父母共同的心愿。

你们成长的时候，我们父母总是在牵挂着你们。再苦再难，我们也愿意同你们一起面对。我们相互之间不抛弃不放弃。我们不仅牵挂你们的身体，我们更牵挂你们的生活和学习。你们踏入了校园，学业开始逐渐繁重，我们牵挂着你们的学习成绩，我们担心着你的考试。这个时候，与其说你们在努力，倒不如说父母和你们在共同前行。我们担心你在学校里表现好不好，会不会被其他同学欺负。总之，我们的心总是牵挂着你们。

你们长大了，想要离开生活多年的家，希望能够展翅高飞，父母不会阻拦，我们更多的是给予你们默默的祝福。虽然你们离开了我们，去了相对于我们完全陌生的城市生活，我们没有办法经常见到你，但是我们依然时刻挂心着你。我们担心你在外面是不是能够照顾好自己，担心你们工作、学习累不累，是不是需要经常熬夜；忙的时候是不是顾不上休息，能否每天按时吃饭；我们牵挂你在公司里能不能处理好与上司之间的关系。

我们偶尔也会自私，我们希望你能够留在父母的身边；但是我们知道，感情上的这种自私也仅仅只能安慰自己的心灵，为了你们的长远考虑，还是应该放你去远走高飞。虽然不知道你们将会去哪里闯荡，但是你们到哪里我们的牵挂就跟到哪里。我们希望你永远长不大，可是这却是不可能的愿望。外面的世界如此精彩，就是不知道你是否能够从容地应对。你从来没有离开我们自己去生活，你是否能够完全应对得了突如其来各种各样的问题？正是由于外面的世界有着太多的不确定性和不安全性，我们才会格外的挂心。

当你们收拾好行囊，踌躇满志地离开家时，你们不会想到自己父母的心情。独自面对着空荡荡的家，心情也是极端失落，看着你们空荡荡的房间和床铺，我们更是心酸无比。都说儿女是父母的心头肉，那些没有做父母的人是很难体会得到的，这种爱其实要想用言语来表达也是非常困难的。很多人都说，孩子长大成人了，父母的牵挂也就能减少了。

其实不是这样的，等你们结婚之后，我们除了你要牵挂，还要担心你们新组建的家庭。当父母的哪会没有挂心的事情，你们的喜怒哀乐时时刻刻都是我们的牵挂，你们的一举一动也是我们关注的焦点。

我们知道，你们在外面总是报喜不报忧。举目无亲的陌生城市里，我们牵挂你能否快速适应。如今这个社会，竞争又是如此的残酷，我们担心你是不是能够立足。每天二十四个小时，一年十二个月，只要你们不在我们身边，这种担心和牵挂就不会停止。陪伴你们长大的日子里，总是有微笑又有泪水，困难总是不期而来。对你们的爱却总是义无反顾、不计得失，因为心中的牵挂，我们甘愿承受一切的心酸。

你们在哪里，我们的牵挂就在哪里。你们在哪里，我们的心就在哪里。哪怕是简简单单的一通电话，也能让我们父母心中感慨万千。我们会时刻关注着你所在城市的天气变化，牵挂着你是不是天冷了会多添衣服。我们对你的牵挂，都浓浓地充斥在我们的话语中，虽然这种关心和牵挂有时候被你们忽略。相信所有父母都是一样的，无论子女在哪里都会时刻牵挂和思念着自己的子女。我们会把你们回家的日子记得清清楚楚，我们会在你回家之前就把你最爱吃的食物提前备好。

即使是你们也有了孩子，父母对你们的爱依然不会停歇。你们工作忙，我们会帮你们带孩子。当你们把大部分的精力都放在自己孩子身上，忽视自己父母的时候。我们也不会去计较，我们依然希望自己能够帮助你们减轻生活负担。你们永远是我们的牵挂，你们走得多远，我们父母的心就会跟着走多远。我们会永远为外面闯荡的你们牵肠挂肚，不断地操心和操劳。我们不需要什么回报，我们只希望你们能够常回家看看，因为对我们来说，能够见着忙碌的你们一面就是一件不容易的事情。儿女啊，永远都是父母的牵挂。

　　我们对你的牵挂是一条看不到尽头的路，如果道路崎岖，我们会甘愿铺平路上的每一个坑坑洼洼，只是为了你们回家的时候能够路途平坦。当你们离家时，我们的牵挂也会随着你们上路，伴随你们前行。

你的青春期撞上我们的更年期

　　青春期最显著的特征是什么？是叛逆！更年期最显著的特征是什么？是焦躁！当子女的青春期撞上了父母的更年期，那将会是怎样的化学反应？人生之中有两个关键时期，那就是青春期和更年期，尤其是女性的更年期，焦躁与烦恼更是明显。电视剧《青春期撞上更年期》中，尚未完全成熟的青春期撞上了人人觉得麻烦的更年期，向我们展示了两代人思想之间的大碰撞。

　　青春期的你们，生理上虽然已经接近于成人，但是心态上却远没有达到成人应有的成熟。再加上如今你们这一代人，大多数都是独生子女，父母难免会将所有的关爱倾注到你们一个人身上。甚至有些孩子是在家庭溺爱之中成长起来的，心智更是没有成熟。但是，更年期父母的最大特点则是更愿意插手自己子女的事情，什么事情都要干预，永远把子女当成是小孩子。于是，恰好正在寻求自我独立的孩子碰上了想要凡事控制自己的父母，碰撞就是这样产生的。

　　更年期的父母是矛盾的，他们既想要自己的孩子长大成熟，又想要控制自己的孩子，不给他们独自成长的空间。青年期的你们向往着窗外广阔的空间，想要在大千世界里跃跃欲试，但是，多年的家庭教育却又使得你们心理上的依赖性无法根除。这种情况下，家庭战争的爆发在所难免。青春期的你们，内心是很矛盾的。你们总是希望能找到对立面来发泄自己心中的逆反。更年期的父母，尤其是妈妈，又总是爱唠叨。现成的火药桶就有了，并且这两个人之间的战争绝对是一点就着。

习惯了控制你们的父母，在面对青春期的你们时难免会出现火气暴涨但又手足无措的情况，于是，你就会听到，父母对你或者对其他人的抱怨：孩子越大越不听话。青春期撞上更年期之后，冲突和叛逆、甚至是战争充斥于整个家庭，火药味更是遍及每个家庭成员。调查显示，由于两代人之间年代存在着脱节现象，父母的更年期与子女的青春期一旦碰撞，战争爆发的比例是很高的。这个比例大约会占到八成以上，而这其中一半的亲子之间又会因为生活上的琐事"互掐"。

青春期之所以会撞上更年期，当然这与我们现在社会晚婚晚育的社会现象有很大的关系。巨大的生活压力背景下，结婚的年龄延后，工作忙顾不上要孩子也是普遍情况，这些都间接地推动了青春期和更年期相遇。一旦两者相遇，本来很小的矛盾就很容易被激化，整个家庭的气氛也很容易紧张。有时候，这种战火甚至会波及不相关的人或事。青春期作为人的一生鼎盛期的开端，荷尔蒙的分泌使得青少年心理和生理上产生双重的变化。而更年期则是中年危机必经之路，更年期过后人开始步入衰老。由此可见，这两个时期都是重要转折点。

青春期的你们往往会有着父母意料不到的超强独立意识，你们有时候甚至会在心中厌烦自己父母对你们的照顾。你们不愿意听取自己父母的意见，总是坚信自己才是正确的。当意见相左的时候，过激的言行也是时常出现。青春期的你们认为自己早已经长大成人，所以在自己的行为和思想认识上也是经常把自己当成大人来看待。你们期待自己的父母也这样看待自己，然而父母却总是觉得你们还不够成熟。青春期的你们，更渴望能够与父母之间的相处方式是平等民主，父母却不一定愿意把你们当作成年人来沟通。再加上整个中年期的父母，一般都会有着或多或

少更年期的症状，更年期的焦躁抑郁、敏感神经等非正常的心理状态是很不利于家庭矛盾在爆发之后就彻底解决的。

那么，不管是子女还是父母，作为家庭中的一员，我们应当怎样避免青春期与更年期相撞带来的矛盾呢？首先，父母和子女都要对人生中这两个时期有清醒的认识，这样能够对问题的发生有着预见性。在家庭生活中，如果这些时期来临，就要避免相互之间的过多接触，这样就会大大降低产生摩擦的可能性。

其次，不管是子女还是父母，都要寻求属于自己的解压方式。一旦自己心中比较郁闷或者烦躁的时候，自己要先学会释放压力。不管是运动还是找人聊天，先在回家之前把自己的问题解决好，这样回家后心态平和矛盾也就很容易解决了。在这里应该提倡不管是青少年的你们还是中年的我们，都要去运动。运动是解压的最好方式，既能疏解我们的压力，又能够锻炼身体，何乐而不为？

最后，要多发挥"中间人"或者"第三者"的作用。一般来说，母亲进入更年期，症状是会更加明显的，这个时候父亲就应该注意发挥自己局外人的作用。当双方产生矛盾，父亲应该注意做好双方的沟通工作，增强彼此之间的体谅和信赖，帮助缓解家庭矛盾。男性的更年期其实相比较女性来说要来得比较晚，不太容易撞上孩子的青春期，父亲在家庭中发挥重大作用的时刻。

你们的青春期撞上了我们的更年期，某种程度上来讲这是不可避免的事情。但是面对矛盾，不管是谁，都不应该去逃避和掩盖，而是应该加强沟通、积极面对。

我们不愿成为你人生的绊脚石

　　父母与孩子的关系从来不会是我们想象中的那样一帆风顺，有些孩子和父母之间的关系甚至可以用水火不容来形容。在网络豆瓣小组就出现过一个骇人听闻的小组——"父母皆祸害"。在这个小组中，我们看不到任何对父母养育之恩的感谢，整个小组中充斥的却是年轻人的偏激言论。由此可见，好多孩子跟自己的父母之间并没有相处得多好，父母与孩子之间有代沟是正常的，但是这个代沟却并不是无法逾越的。我们不是你们人生的绊脚石，我们更愿意成为你人生中的垫脚石。

　　站在我们父母的角度来看，什么是家？家其实就是一个什么都可以原谅，什么都可以化解的地方，亲情永远是家的主旋律。世界上哪有无法相处的人，有的只会是些不会相处的人罢了。父母和孩子之间更是如此，谁说两代人之间不能够好好相处，只要方式得当，子女和父母理应关系和谐。我们谁也不能否认，你们这一代人大部分都是独生子女，独生子女在承受着外界众多关爱的同时，也不得不承受更大的责任和压力。你要相信我们是万万不愿意成为你们口中所谓的"祸害"，我们也不愿意成为你们成功的绊脚石，我们心甘情愿为你们付出，我们更愿意成为你人生中的垫脚石。

　　没错，我们不愿意成为什么绊脚石，或许有些时候我们可能会不能理解你们。有些时候可能由于我们对你们的爱太过于沉重，使得你们压

213

力万分，可是我们仅仅只是想成为你们成功的垫脚石，我们也不想扮演绊脚石的角色。你们是每位父母最大的期待，我们父母面对你们的时候有着无法割断的血缘和亲情。你们永远都是我们心中的孩子，孩子永远都是需要被照顾的对象。也正是由于父母和孩子之间割不断的纽带，当你们长大后我们有些父母可能会害怕失去你们，失去你们的爱；于是，有些父母会采取你们不喜欢的行为，亲子之间也会出现矛盾。

任何一位父母都想要自己的孩子在细心呵护中好好成长，就连大自然中的动物也有着舐犊之情。但是，人与动物最本质的区别却是动物比人类更懂得什么时候适合放手。动物们更懂得培养自己后代适应竞争的环境，更懂得让自己的后代学会自谋生路。而我们人类，尤其是一部分父母却不能很好地做到这一点，人类总是过度介入，照顾自己的孩子，于是这些照顾就可能会成为所谓的制约你们发展的绊脚石。

你嫌我们对你的干涉太多，你说自己从小到大根本没有什么大的自主选择权。从读书、选专业到选择就业岗位，甚至于人生另一半的选择上，父母总是要干涉你们的选择。可是，我们父母之所以会干涉你们，是因为我们想要借助自己的人生经验帮你扫除人生道路上的障碍，是因为我们希望你能够更好。你们长大了，有了自己独立的想法和愿望。我们本来应该让你们自己做选择的。可是，你们是我们的孩子，人生重要选择上不想你们走太多弯路，我们愿意用自己的人生阅历和见多识广的经验来为你们提供宝贵的人生经验，我们帮你们做选择或许也仅仅只是因为心中的爱无法正确表达。

现有的社会经济水平和物质生活水平在不断地改善，但是对你们的教育却不能只考虑物质的满足。是的，在你们人生中，我们只是一个指导你们前进的教练而不是代替你们的选手，父母的出发点都是为了你们好。你们的人生是你们的自主选择，人生这条路需要你们自己修完，父母只能充当你们人生的助推力却不是完全的决策者。

很多年轻人曾经总结出自己的父母乃至全中国的父母都有一个相同点，那就是用爱的名义来伤害子女。当年轻人处理不好与父母的关系时，总是将所有的错误归结到自己父母的身上，却从来不会想着从自己身上找原因。没错，很多父母的"因爱致错"确实是我们中国社会中很典型的一个特点，中国父母总是对孩子抱有很高的期望，望子成龙的心态也是普遍存在。你们在我们的眼中永远只是羽翼未丰的小鸟，但是我们愿意放手让你们去自由地翱翔，因为只有这样你们才能闯出一片属于自己的广阔天空。

我们不愿意当你们成功的绊脚石，我们更愿意做一块垫脚石。理解一下自己的父母吧，不要总用质疑的眼光来审视我们父母，更不要用沉默来排斥与我们的正常交流。当你们想要向外界寻求帮助的时候，我们父母理应成为你们的最佳选择。当你们想要离开我们外出谋求更大发展的时候，我们不会拖你们的后腿。即使心中有着万千的不愿，我们依然会笑着把你送出家门。当你们在外面受了委屈的时候，我们也愿意为你提供爱的依靠。

是的，我们爱你，我们也永远希望把最好的留给你们。我们希望自己的爱不仅不是你们前进的绊脚石，更能成为你们成长路上的助推剂。身为父母，最想做的恐怕就是好好陪伴在自己子女的身边。我们愿意陪伴你长大，在陪伴的过程中我们也愿意把自己的人生经验与你一起分享。我们会把你们成长中的选择权交付于你，我们愿意担任你们人生中的垫脚石，而非绊脚石。人生路上也没有什么跨不过去的坎儿，失败和挫折也不是什么绊脚石，这些也能帮助你们成长。如果你觉得人生道路上有什么绊脚石，那么我们父母愿意做那个为你们搬开绊脚石的人。

对你的爱，毋庸置疑

　　父母对你们的爱，毋庸置疑。这种爱是绝对无条件的爱，是不需要任何回报的爱。美国亲子教育家盖瑞认为所谓的无条件的爱，就是指无论在什么情况之下，父母都会依然疼爱自己的孩子，不管孩子的外貌、资质，或者是有什么缺陷，也不管自己对子女寄托了多高的期望，孩子的表现不管怎样都会爱着他们。当然，这份毋庸置疑的爱也不是说父母会纵容孩子所有的行为。只是从侧面表明，不管你们将来发生什么，我们身为父母可能会对你们的行为本身进行表扬或者批评，但是对你们这个人是不会有任何否定想法的，对你们"这个人"的爱才是毋庸置疑的。

　　有时候，你们可能会误解自己的父母。你们可能会觉得爸妈从来不关心你们怎么样，却总是将更多的目光投注在你们的学业工作之上。这种想法是片面的，事实背后我们也在关心着你们的整个成长过程和你们内心的感受与波动。有时候我们可能会让你们觉得太关心学习成绩，这是因为通过了解你们的学习成绩我们更希望能了解你们的发展。有些孩子却不能了解自己爸妈，曾经听过很多孩子抱怨自己的父母不爱他们，父母每天的关心仅仅只是希望他们能够出人头地，却丝毫不关注孩子内心。其实不是这样的，父母有着自己独特的心酸，我们无法体会，但是父母对孩子的爱却是毋庸置疑的。

　　即使是青春期的你们，叛逆使得你们如此的不可爱，你们总是想方

216

设法地违背我们的意愿，千方百计地与我们作对。有人说，其实这些叛逆的表现仅仅只是因为你们内心不确定我们是否真的爱你。不用质疑，父母永远都是爱着你们的。不管青春期的你们是多么的不听话，我们也愿意陪伴在你们身边给你们心灵的安慰。你们总是嫌我们唠叨你，可是这并不代表我们看不到你们身上的长处和优点，我们只是希望你们能够戒骄戒躁，努力做到更好。

世界上除了父母的爱之外，很少有什么爱是不计任何回报的。即使是大多数人眼中甜蜜的爱情，也是存在着付出和回报要求对等的可能性。但是，父母的爱却永远不会要求你们去回报。我们愿意无条件地接纳自己的孩子，无论你们在别人的眼中有多么调皮不听话抑或是顽劣不堪。我们愿意给你们安全感，我们也是你在这个世界上最值得信赖和依靠的人。父母相信自己的支持和鼓励，能使你们更容易走向成功。

你们从一出生开始就是一块上好的璞玉，父母通过爱的雕琢才能将你们雕成美丽的作品。相信没有任何一种爱希望用对方的厌烦来收场，父母对你们的爱也是如此。在家庭教育问题上，每位父母差不多都是新手，都没有什么有效的经验。但是相信我们却都愿意努力做到最好，虽然可能方式上会有所欠缺。

我们也会犯错误，比如说我们总是觉得身为父母理应对你们的事情大包大揽，出于关心，你们的事情我们应该是无所不知。但是，我们却没有想到，有时候过度的关心却可能会招致你们的厌烦。你们开始嫌自己的父母行事过于无微不至，自己都没什么私密空间。你们开始觉得，爱并不是掌控孩子的一切。也确实是这样，关心过度的父母也确实应该改变。我们尊重你们在成长过程中所表现出来的独立，同时也希望你们能够理解父母的"关心则乱"。如果你们对父母的教育方式有意见，希望能够通过沟通与对话来解决，千万不要自己生闷气或者是盲目地叛逆。

爱是相互的，亲子关系之间的爱最好的结果也应该是相互爱对方。少不更事的你们其实不太具备去爱父母的意识和能力，你们主要还是享受着来自于父母的爱。但是，随着你们年龄的增长，你们也开始通过各种方式来表达自己对父母的感情，创造爱。有时候，你们送给父母的一张明信片都可以让父母回味和感动好久。我们希望你知道父母对你的爱，却更希望你能够通过父母对你的爱学会去爱自己的家人和朋友。

我们爱你，毋庸置疑，这份爱可以表现在各种方面。帮你们树立生活的信心和勇气，这是我们教会你生存的爱。亲情之间的爱是无条件的，这种爱情并不是说是因为："我爱你，因为你符合我爱的条件，我们必须要履行自己去爱的责任"，任何一种被条条框框束缚起来的爱都不能称得上是真正的爱。

美国教育家保罗·孟禄曾经说过，父母给予子女的爱，只有让自己的孩子真真切切地感受得到，子女才会真正体验到爱的怀抱，才能进而感觉到生活的幸福与安全，才会对父母心生感激。当你们犯了错误的时候，我们愿意用爱去包容你们，或许还会对你们加以批评和指责；但是一味的指责却不是每位父母真正想做的，因为我们仅仅是只想让你们做得更好。我们也相信，你们不是不爱自己的父母。你们当然懂得爱，你们只是不善于表达出来，正如父母对你们的爱。虽然有时候不会刻意去表达，但是这种爱却真的是毋庸置疑。亲子之间的爱既是一门学问，也是一门艺术，但它却会实实在在地体现在我们的日常生活中。

沟通，才能让我们相互了解

沟通，让生活更美好。每个人都是思想独立的个人，人与人之间的交流也难免会出现摩擦和误解，沟通恰恰就是通过彼此之间的言语交流相互加深对彼此的了解。父母与子女之间也不例外，同样需要深入沟通。融洽的沟通能够使得家庭教育作用发挥到最大。常言道，父母是孩子的第一任老师，如果亲子之间的沟通不好，那么家长的榜样模范作用就很难显现出优势。所以，沟通才能让我们相互了解。

与人沟通是每个人的本能，没有人生来就恐惧跟别人交流、喜欢把自己封闭起来。当然不可否认，受后天生活成长环境的影响，有些孩子也会出现沟通困难、封闭自己、患上孤独抑郁症的情况。你们小的时候，由于对自己父母的依赖性非常强，有什么事情自己很乐意主动跟父母进行沟通，并且从内心里希望父母能为你们拿主意，一般来说这个时候亲子关系是最融洽的，父母和孩子彼此之间也不会有什么大的意见和摩擦。换句话来说，孩子对父母的较强依赖性帮助构建了和谐的亲子关系。

但是，你们对父母的依赖并不是一成不变的。随着生理和心理上的成熟，受青春期荷尔蒙的刺激，你们开始希望被父母当作成年人来看待。你们更迫切地希望自己能够独当一面，然而此时父母对你们的任何指导都被视为是一种敌意的干预。由于你们角色转变得太快，很多父母不能突然接受你们已经具有独立意识的事实，依然想沿用之前带有控制性的

教育方式对你们进行管教。于是，摩擦和冲突层出不穷，叛逆期的孩子哪能轻易听得进去父母的意见，沟通和交流开始出现问题。

当孩子开始觉得自己在父母面前没有沟通交流的欲望，更没法体会到那份与父母交流的快乐时，青春期的焦躁使得你们内心开始产生反感。父母在面对你们的突然反抗时却不能找到良好的应对方式，更无法理解你们的真正想法。可想而知，亲子之间原本敞开的沟通之门开始被关闭。

青春期恰逢人生中学业最繁重的时期，中考和高考像是两座大山一样不仅压在你们的身上，同样也压在父母的心底。甚至于有时候你会发现，父母比自己还要关心考试学习成绩。意识到这点之后，很多孩子心中开始产生了抗拒心理。你们开始觉得自己成了成绩的附属品，完全没有什么存在的必要，觉得父母更愿意关注分数而非关注自己，这恰恰是对父母最大的误读。

父母都是过来人，我们比你的社会经验要更丰富，我们要更懂得知识在如今社会的重要性，我们之所以会看重你们的分数和成绩，其实更多的是在关注着你们的未来。父母和孩子的想法都没有什么错，却因为彼此不愿敞开心扉沟通，使得在这个问题上产生了分歧。

那么，父母与子女之间应该怎样沟通好呢？首先，最重要的是父母和子女之间应该彼此坦诚，在教育或者生活问题上不要刻意地隐瞒自己的想法或是意见。只有这样，孩子才能知道父母这样做的用意是什么，父母也能够更好地明白孩子内心深层次的想法到底是什么。双方经过交流才能够更好地探讨出最理想的沟通方式。

其次，沟通要想达到最好效果，父母和子女的态度也非常关键。对于父母来说，不能总认为自己占据主导，居高临下的压迫感不利于孩子对父母形成正确认识。时间久了，也就在无形之中增加你们面对父母的压力感，这种压力不仅不能达到沟通的积极作用，反而会起到反作用。在父母面前遮遮掩掩，让父母猜不透你们的心思，对于你们来说，你们应该主动向父母坦承内心的真实想法。野蛮和粗暴是和谐沟通交流的敌人，充满爱的交流才是真正的家庭沟通方式。

最后，父母和子女之间要学会平等相处，彼此给予对方足够的个人空间。谁也不希望自己的生活被他人主导，你们有自己的想法也是正常的。我们长辈确实不应该在你们的生活中起主导作用，你们的青春和生活，你们应该自己做主。不过你要谅解，父母有时候可能只是出于想要关心你们，却在无意间触碰了你们的禁忌。

亲子之间追求的应该是一种平等，大部分的中国父母却总是习惯于精神上驾驭自己的孩子，于是两代人之间就会出现沟通上的问题。沟通是能够保持双方相互理解的桥梁，沟通是一门艺术。当父母希望自己的意见能够被你们采纳时，多站在他们的角度想想，或许是因为他们觉得自己具有人生阅历的优越性。或许你们总是觉得父母的思想观念过于落伍，不适合你们这些新新人类。亲子双方谁也不要轻易去否定谁的观点，或许只有通过好好地沟通和交流，彼此才能够扮演好各自的角色。

亲情中任何的接受和给予都不是最重要的，最重要的应该是彼此之间的共享，彼此之间共享自己的真实意愿和要求、共享自己的观点。这才是真正的沟通和交流，这才是我们父母和孩子之间最需要的和谐相处方式。